Karl Otto

Die Familie Kalckstein

geschichtliches Trauerspiel in fünf Aufzügen

Karl Otto

Die Familie Kalckstein
geschichtliches Trauerspiel in fünf Aufzügen

ISBN/EAN: 9783743312210

Hergestellt in Europa, USA, Kanada, Australien, Japan

Cover: Foto ©Thomas Meinert / pixelio.de

Manufactured and distributed by brebook publishing software
(www.brebook.com)

Karl Otto

Die Familie Kalckstein

Die
Familie Kalckstein.

Geschichtliches Trauerspiel

in 5 Aufzügen

von

Carl Otto.

Den Bühnen gegenüber Manuscript.

Berlin.

F. Schneider & Co. (Goldschmidt & Wilhelmi.)

Königliche Hofbuchhandlung.

1876.

Personen:

Friedrich Wilhelm, Kurfürst von Brandenburg, Herzog von Preußen.
Eusebius v. Brandt, kurbrandenburgs Gesandter, am Hofe zu Warschau.

Friedrich v. Brandt, Neffe des Vorigen, Oberst,
Graf v. Dohna, Rittmeister,
v. Montgommery, Hauptmann, Befehlshaber der Leibwache des Gesandten,
} in des Kurfürsten Diensten.

General v. Kalckstein,
Christian Ludwig v. Kalckstein, Amtshauptmann von Oletzko,
Albrecht v. Kalckstein,
(Christian Ludwig v. Kalckstein und Albrecht v. Kalckstein:) } Söhne des Generals.
Albert v. Kikol,
Freiherr v. Eulenburg,
Ernst v. Wallenrodt,
Georg v. Schlieben,
Wolffgang v. Kreytzen,
(General v. Kalckstein bis Wolffgang v. Kreytzen:) } Regiments-Räthe.

Hieronymus Rhode, Schöppenmeister von Königsberg.

Elisabeth v. Kalckstein, Gemahlin
Marie v. Kalckstein, Tochter
} Christian Ludwig v. Kalckstein's.

Boguslaw, Schloßvoigt von Oletzko.
Wanda, Beschließerin im Schlosse Oletzko.
Gewerkmeister in Oletzko.
v. Sobiesky, Kronfeldmarschall Polens.
v. Krasinsky, polnischer Kronreferendar.
Katinka, Gräfin Dzialinska, Hofdame der Königin Eleonore von Polen.
Zwei Diener Christian Ludwig von Kalcksteins.
Kammerdiener der Gräfin Dzialinska.

Soldaten, männliches und weibliches Gesinde von Schloß Oletzko, Regiments-Räthe, Schöppen und Zunftmeister, Trabanten, Mitglieder des polnischen Reichstages. Aufwärterinnen bei Rhode.

Ort der Handlung: Erster Aufzug: Schloß Oletzko, Königsberg. Zweiter und dritter Aufzug: Schloß Oletzko. Vierter Aufzug: Warschau. Fünfter Aufzug: Königsberg.

Zeit der Handlung: März bis September 1670.

Erster Aufzug.

Großes Zimmer im Schlosse von Oletzko, rechts ein hohes Bogenfenster. Im Hintergrunde zwei Thüren, inmitten deren ein Kamin, in dem ein Feuer brennt — über dem Kamine hängen Geweihe von Elenn und Auerochs und Jagdgeräthe; in der linken Wand, die mit Ritterrüstungen geschmückt ist, eine Thür. Während der ganzen Scene hört man häufig Windesheulen.

Erster Auftritt.

Frau von Kalckstein, Marie, Wanda mit weiblichen Arbeiten beschäftigt. Weibliche Dienerschaft mit Spinnen beschäftigt, umgiebt sie. Rechts an einem Tische sitzt der Voigt mit dem Putzen von Waffen beschäftigt.

(Pause.)

Wanda (singt).

In dem Walde, so tief und dicht,
Ist die Treue zu Grund' gericht't,
Die Treu' des freien Mannes Ehr'
Sie gilt in diesem Wald nicht mehr —
In dem Wald von Romowe.

Die Winde schrei'n, die Treu ist todt,
In diesem Wald', da litt sie Noth.
Die heil'ge Eiche bricht im Sturm,
Zernagt von des Verrathes Wurm,
In dem Wald von Romowe.

Marie.

O schaurig klingt das Lied von Romowe,
Die alte Vorzeit flüstert bang daraus,
Ich möchte gerne ihr den Schleier lüften!
Stand uns're Burg, wie jetzt am düst'ren See?
In finst'ren Waldes Mitte?

Frau von Kalckstein.

Mein Kind,
Uralt und düster sind der See, der Wald;
Die Burg stand nicht, als hier noch Heiden lebten. —
Der Christen Orden brachte uns das Kreuz!
Doch Voigt, Ihr kennt ja trefflich die Geschichte,
Erzählt sie doch der Tochter!

Voigt (sich erhebend).

Gern!
Ein kühner Ritter, Hermann Balk genannt,
Er führt den Vortrab. Dem Piloten gleich,
Der festen Arms das fremde Meer durchschifft,
Um neues Land der Heimat zu erschließen,
So eilt er mit dem schwarzen Kreuz, das er,
Im weißen Banner trägt, der Weichsel zu!
An Schiffbruch denkt er nicht, und es gelingt
Der Völker viele sich zu unterwerfen.
Im Kampfe dringt er siegreich weiter vor,

Und erst in Sudaus großem Waldrevier,
Das Euren Eltern ja zu eigen hört',
Fand er den nicht geahnten Widerstand.
Es schaarten sich die alten Heldenritter,
Voran der Kalckstein und ihm folgend Skurdo,
In Bächen nicht, in Strömen floß das Blut,
Erbarmen gab es nicht — Verwüstung, Mord
Und Tod, das war die Loosung hier und dort!

Marie.

Mich dünkt, daß Ihr statt der Geschichte,
Die Ihr erzählen wolltet, lieber Voigt,
Ihr uns der ganzen Vorzeit Urgeschichte,
In großen Zügen hier geschildert habt!

Voigt.

Geschichte ist Geschichte, gnäd'ges Fräulein,
Und wie die Kette sich aus Schaken bildet,
So setzt sich auch der Weltentwicklung Bild'
Aus kleinen Strichen mächtig erst zusammen.

Marie.

Mich schaudert es zu denken, daß das Schloß,
In dem wir friedlich wohnen, daß der Garten,
Der uns mit zartem Blüthenschmuck erfreut,
Einst Zeuge dieser Gräuelthaten war.

Frau von Kalckstein.

Mein liebes Kind, Du denkest bang an die
Vergangenheit — und ahnst nicht, daß auch jetzt
Auf uns'rem Boden wilder Kampf entbrennt.

Die Zeit von der er sprach, sie ist dahin,
Die neue Zeit bricht an und fordert Blut!

Marie.

Was sagst du Mutter! Blut?! Der Vater fort,
Die Vettern und die Freunde folgten ihm!
Entsetzensvolle Ahnung! Gott verhüte,
Daß gleich entsetzensvolles Thun uns hier
Bereitet wird!

Wanda.

Das walte er in Gnade! —
Denn bang und düster hallt es fort das Lied
Von Romowe, und noch ist nicht gesühnt
Die grauenvolle That: Verrath!

Marie.

Verrath!
Was meinet sie damit! o, endet die
Erzählung, Voigt! ich will jetzt hören, was
Der Kalckstein und der Skurdo dort gethan?

(Der Voigt zögert und sieht Frau von Kalckstein fragend an.)

Frau von Kalckstein.

Erfüllet nur die Bitte meiner Tochter,
Da gut es ist, die volle Wahrheit kennen,
Wenn bald zum Handeln man gezwungen wird.

Voigt.

So will ich kurz sein. Unerfahren in
Des Krieges Handwerk wurden bald die Unsern,
Von den an Kampf gewohnten Deutschen bis in
Den mitt'lern Theil des Wald's zurückgedrängt,

Bis dahin, wo die heil'ge Eiche stand.
Ihr Führer Hermann Balk, er wußte wohl,
Daß wenn ihr Stamm, der tausendjähr'ge, fiel,
Den uns're Ahnen unvergänglich, –
Wie ihre Götter hielten, sich das Volk
In Furcht vor überird'scher Macht ergeben würde.
In finst'rer Nacht entsendet er die Knechte,
Die uns're Eiche bei der Wurzel faßten,
Und sie, wie uns'rer Väter alten Glauben,
Mit Stumpf und Stiel vernichteten. — —
Am neuen Tag, es war die Sonne kaum
Dem See, der ihren heil'gen Hain besäumt,
Entstiegen, da erschaueten die Preußen der
Vernichtung Werk. Das Ungeahnte ließ
Sie tief erbeben, — sie warfen fort
Ihr Schwert, mit Blut getränkt, sie stürzten sich
Zur Erde, „Gnade" rufend, — um Schonung
Ihres Lebens flehend, hin.

(Pause.)

Marie.

Und was geschah denn mit den ed'len Herr'n?

Voigt.

Auch sie erbaten Gnade, wie das Volk;
Der finst're Skurdo, wie sein Beinam' war,
Weil er, wie's heut das Bild im Ahnensaal
Noch zeigt, stets düster schaute, floh nach Polen. —
Dagegen beugte Kalckstein willig sich,

Er ließ sich taufen, schwor dem Sieger, wie
Dem Glauben Treue und Gehorsam zu!

Wanda (singt).

Kalckstein hat sein Wort gegeben,
Zu erhalten sich das Leben,
Hat er Glauben, Treu versprochen,
Beide hat er bald gebrochen,
In dem Wald von Romowe.

Er schlägt den Sieger mit dem Speer,
Meuchlings schändet er seine Ehr'
Die Winde schrei'n: Verrath, Verrath,
Die Eiche verdorret ob der That
In dem Walde Romowe.

Voigt.

Daß es so war, Ihr wißt es, gnäd'ge Frau,
Und Weit'res zu berichten, wollet Ihr
In Gnaden mir erlassen; ungesühnt
Ist jene That und Unheil kündend schwebt
Sie noch ob uns'rem Haus.

Die Glocke ertönt zum Abendgebet — Alle knieen nieder.

Frau von Kalckstein.

Wie Du das Unheil wenden kannst und Fluch
In Segen wandeln, Gott, so gieb, daß auch
Die schwarze, ränkevolle That sich nicht
Für unser Haus zu weit'rem Unglück neu
Gestalte! Gieb uns Frieden! und beschütz'
Den Gatten! — Verscheuch die Zweifel, die
Sich bang und schwer auf unser Herz gelegt! —
Gieb Allen, die Dir nahen, Deinen Segen!

Alle.

Amen! (Die Glocke verhallt in leisen Tönen.)

(Die Knieenden erheben sich.)

Frau von Kalckstein.

Nun gute Nacht, schlaft ein in Frieden.

Die Frauen und Mädchen unter Wandas Vortritt nahen zum Handkuß. — Marie ist nach dem Gebet an das Fenster gegangen, hat es geöffnet und schaut hinaus, um ihre Bewegung zu verbergen. Der Voigt ist an seinen Tisch gegangen, wo er die Waffen zusammenlegt. Unterdessen haben sich die Mägde entfernt — er tritt nun an Frau von Kalckstein heran, die an dem Lehnstuhl, in dem sie vorher gesessen, in Gedanken vertieft, lehnt.

Voigt.

Habt Ihr Befehle noch für mich?

Frau von Kalckstein.

Bewahrt

Mir Eure Treue, lieber Alter, —
Da ich dieselbe noch gebrauchen werde.
Und jetzt begebet Euch zur Ruhe nur!

Sie reicht ihm die Hand, die er ehrerbietig und bewegt küßt und sich verneigend hinten abgeht.

Zweiter Auftritt.

Marie

eilt nach dem Abgang des Voigts zu ihrer Mutter, ihr zu Füßen stürzend:

Das war ein schreckenvoller Abend, Mutter,
Noch weiß ich Nichts! Mir ist's, als ob sich mir
Mein Aug' verdunkelt hätte, da Alles,
Was mir in hellem Lichte sonst erschien,
In dunkle Farben schrecklich sich gestaltet.

Vermag ich noch zu sehen, seh' ich Recht?
Bin ich Dein Kind noch, so erkläre mir
Der Worte tief geheimnißvollen Sinn!
Du bist nicht glücklich, — bist es nie gewesen!
Ein Unheil nahet sich, o Mutter laß'
Mich helfen, mit Dir theilen Schmerz uud Leid.
(Sie springt auf.) Ja, Mutter, ja, ich bin noch Deine Tochter
Und aus den Kinderjahren schnell entwachsen,
Begehr' ich nur, laß Freundin mich Dir sein!

Frau von Kalckstein.

Du bist erregt Marie — setz' Dich her!
(sie geleitet Marie zu einem Kissen, das neben dem Lehnstuhl, auf den sich Frau von Kalckstein setzt, liegt. Marie folgt willenlos und läßt sich zu Füßen der Mutter auf das Kissen nieder.)
Das Lied von Romowe hat Dich bewegt
Und uns'res alten Boguslaw Erzählung

Marie.

Noch immer klingt es fort in meinem Innern,
Und seine Worte hallen düster nach,
Nun erst begreif ich, was ich wissen konnte,
Daß Du ein freudenleeres Leben führst.
Laß' mich es theilen, Mutter und verzeih',
Daß ich nicht früher mich in Liebe nahte,
Mir Dein Vertrauen zu erwerben! Jetzt
Kann ich die Wahrheit wohl verlangen,
Muß sie verlangen, wenn ich nicht an mir
Verzweifeln soll. Und, liebe Mutter, ich
Bin Deine starke Tochter. Du weißt es!
Als ich noch Kind, ward schon die Gegenwart

Des Geistes mir gelobt! Laß Dich erinnern
An jene Nacht, wo wir, es war im Winter,
Vom Gut des Großvaters nach Hause fuhren.

Frau von Kalckstein.

Es war sein Wiegenfest!

Marie.

Ganz recht, wir sahen
Als Gäste viele Freunde, die erlebte, wie
Erfundene Geschichten zur Kurzweil uns
Erzählten. Alle übertraf der Onkel!
Die Abenteuer, welche er in Polen
Mit Bär und Wolf und Auerochs bestand,
Erregten Schrecken mir und nimmer wünscht'
Ich Aehnliches zu schau'n! Die Zeit zur Heimfahrt kam,
In Pelzen warm gehüllt, bestiegen wir
Den Schlitten, ich an Deiner Seite, vor uns
Als Kutscher, Boguslaw, der Voigt!

Frau von Kalckstein.

Die Nacht
War schaurig!

Marie.

Wind durchheult die Föhren,
Die Wolken jagen blitzschnell an dem Himmel,
Und spielen, wie es scheinet, mit dem Mond Versteck,
Der nur zuweilen seine Strahlen sendet,
Um uns des Heimwegs richt'ge Spur zu zeigen.
Plötzlich hält Boguslaw, reicht Dir die Leine,
Und mit dem Zeichen weiter fort zu fahren,

Ergreift er das Gewehr, legt an und schießt.
Ich weiß nicht, was ich sagen soll, denn wie
Es Onkel Bodo kurz vorher geschildert,
So schauen schrecklich glüh'nde Augen in
Die Nacht auf uns!

Frau von Kalckstein.

Noch jetzt erstarrt mein Blut!

Marie.

Mit der Gefahr war jed' Bedenken mir
Entwichen! wie Du uns're Pferde
Zum schnellen Lauf ermunterst, greife ich
Des Vaters zweite Flinte, gebe Feuer auf
Den nächsten Wolf, der unser'm Schlitten folgte, —
Die Thiere sind verscheucht und glücklich langen wir,
Wenn auch vor Furcht durchbebt, im Schlosse an.

(Pause.)

Frau von Kalckstein schließt Marie in ihre Arme.

Da war ich vierzehn Jahre, liebe Mutter,
Und sah' ich damals der Gefahr in's Auge,
So kann ich's doch wohl jetzt und deshalb bitt'
Ich, schenke mir Vertrau'n!

Frau von Kalckstein.

Du hast's verdient!

Und von den Eltern sprech' ich Dir zuerst.
Der Vater, Kammerherr an Warschaus Hof,
Er kam nur selten heim, dann aber gab
Er stets ein Fest für uns're Nachbarschaft.

Da sah ich manchen jungen Herrn, der sich
Mir freundlich nahte, von Allen aber
Bewarben sich um mich: Ein deutscher Offizier,
Der oft in Warschau weilte, und Dein Vater!
Laß schnell Marie mich über diese Zeit,
Die längst verklungen wie der Saite Ton,
Der wonnevoll die Seele uns ergriffen,
Nur in dem Nachhall des Empfindens lebt,
Vorübereilen. Ich — liebte Herrn von Brandt! —
Da drängt der Vater sich in mein Geheimniß,
Das ich der Mutter zagend anvertraut,
„Du darfst nicht wählen nach des Herzens Neigung",
Das war sein Wort, „Du mußt gehorchen Dem,
Den ich mir zum Ersatz für den von der Natur
Versagten Sohn bestimmt." Hier gab es keinen
Widerspruch. Des Vaters Strenge war mir längst
Bekannt und sie die Einz'ge, die mich trösten konnte,
Sie sollte nicht mehr meine Schmerzen seh'n,
Denn an dem Abend, als der Vater mir
Die Meinung kund gethan, war sie entschlafen,
Sanft und friedevoll!

Marie.

O, arme Mutter!

Frau von Kalckstein.

Die Tage, die jetzt nahten, waren schrecklich!
Es schien mir alles todt, was sonst mein Herz
Erfreut!

Marie.

Zu dem, was Du erduldet, Mutter,
Gehört ein Muth, vor dem mein Herz erzittert!

Frau von Kalckstein.

Es lieh' mir Gott die Kraft! so wurde ich
Die Gattin Deines Vaters, der Nachkomm' ist
Von jenem Kalckstein, der zu Romowe
Die Treue brach. Als Du geboren, schien
Auch mir die Sonne wieder neu zu leuchten
Und frohen Sinn's begrüßte ich die Zukunft.
So gingen Jahre hin, im friedlichen
Verkehr mit unser'n Nachbarn bis zur jüngsten Zeit.
Doch da erschien es mir, daß nicht allein
Geselligkeit die Freunde hier vereinte,
Vielmehr daß sie mit Polens König sich
Zu Brandenburgs Vernichtung hier verbünden.

Marie.

Deshalb verließ uns auch der Vater und
Die Freunde?

Frau von Kalckstein.

Ich befürchte es! Denn nach
Der letzten Jagd, die Humpen waren oft
Schon ausgetrunken, hört' ich Manches, was mich
Besorgt gemacht!

Marie.

O jetzt verstehe ich,
Weßhalb vom Kampf Du sprachst, vom Blut das fließen wird!
O, Mutter sag' mir, was Du weißt! Ich steh'

Dir bei und trage mit, was Dir zu dulden das
Geschick bestimmt!

Frau von Kalckstein.

Ich danke Dir, Marie!
Es soll Dir niemals mein Vertrauen fehlen.
Ich hoffe noch, daß Alles böser Traum,
Der mich geschreckt, gewesen; wünsche Dir,
Daß sanfter Schlummer Dir die düsteren
Gedanken, die uns heut beschäftigt, scheuche!
Daß Friede einzieh' mit des Morgens Sonne
In Dein von Angst bewegtes Herz. Gut' Nacht.

Marie umarmt ihre Mutter, küßt ihr die Hand und geht still zur Thüre links — bleibt dort stehen, winkt der Mutter mit der Hand, diese folgte mit ihren Blicken der Marie.

Marie.

Du liebe Mutter! gute Nacht!
(schnell ab.)

Frau von Kalckstein.

Daß ich
Mit Sorgen Dich beschweren muß, wo nur
Der Frohsinn Dich beherrschen sollte, ist für
Die wahre Liebe eine Prüfung, die
Mir doppelt schwer, da diese Sorge ja
Dem Vater gilt, der uns beschützen sollte,
Statt dessen aber unser Glück vernichtet
Und unser'n Frieden seiner Ehrsucht opfert.
Sei still mein Herz, verstumme Klage, —
Auf böse Stunden folgen gute Tage!
(links ab.)

Verwandlung.

Königsberg i. Pr. Zimmer beim Schöppenmeister Rhode. Vorn links eine lange Tafel, auf welcher zwei brennende Armleuchter stehen. Rechs vorn eine Fensternische; in der linken Wand, wie in der hinteren rechts eine Thür, von der an der linken Seite der Hinterwand ein reich mit Humpen, Kelchen und Gläsern ausgestatteter Schanktisch steht — die Einrichtung deutet auf Wohlhabenheit — Familien-Gemälde hängen an den Wänden.

Dritter Auftritt.

Rhode, v. Wallenrodt, v. Kikol, v. Eulenburg, v. Kreytzen sitzen an der Tafel, Rhode in der Mitte, rechts von ihm: v. Wallenrodt und v. Kreytzen; links: v. Kikol und v. Eulenburg.

von Kikol.

Den Schöppenmeister bitte ich, um zu
Vermeiden jedes Mißversteh'n, daß er
Zuerst uns der Verhandlung Zweck benennt.

von Eulenburg.

Ich unterstütz' die Bitte!

Rhode (aufstehend.)

Nun wohlan!
Ihr wißt, hoched'le Herr'n, daß im Vertrag
Zu Wehlau, Polen's König seinen Lehnsherrn
Der Pflicht entband und daß er Preußen ihm
Als souveraines Herzogthum verlieh!
Hierfür versprach der Brandenburger ihm,
Falls wieder Schwedens König einen Angriff

Auf Polens Krone wagen sollte, ihr,
Mit seinen Truppen hülfreich beizusteh'n.
Doch Truppen zu erhalten, kostet Geld,
Und wir, wir soll'n es zahlen!

v. Wallenrodt.

Ei, das wäre
Entgegen uns'rem alten Recht!

v. Kreytzen.

Gewiß!
Der Herzog hat sich ja verpflichtet, Nichts zu
Beschließen, noch zu unternehmen, ohn' der
Getreuen Landständ' Rath und Wissen.

Rhode.

Ja ed'le Herr'n! noch mehr; das Recht der Hoheit,
Er durft' es nicht erlangen, weil hierzu
Des Polenvolks Genehmigung nothwendig war!

v. Wallenrodt.

Und die erhielt er nicht!

v. Kreytzen.

D'rum weigern wir
Sie auch!

Rhode.

Das ist mein Rath'; es ist bekannt,
Daß Johann Casimir ein schwacher Mann,
Der sich dem Einfluß der Jesuiten unterwarf.

v. Eulenburg (aufstehend).

Was wollt Ihr mit den Pfaffen? laßt uns doch
Auf g'radem Wege vorgeh'n, nicht auf falschem!

v. Kikol (erhebt sich).

Der Meinung stimm' ich zu, weshalb woll'n wir
Uns nicht alleine helfen; unser gutes Recht
Scheut nicht die g'rade That!

v. Wallenrodt.

Weil krummer Weg
Oft eh'r zum Ziele führt!

v. Kikol.

Der G'rade ist
Der Beste überall. Wenn Ihr im Recht
Euch glaubt, so sagt doch frei, wir zahl'n die Steuern nicht!

v. Eulenburg.

Ihr wollt'n Vorwand Euch die alte Macht,
Den Einfluß zu erhalten, der Euch ehrte —

v. Kreytzen (springt auf, ihn unterbrechend).

Wollt Ihr das nicht?

v. Kikol.

Gewiß, doch suchen wir
Die Macht nicht für uns selbst, wir heischen sie
Für unser Vaterland!

v. Eulenburg.

Das Ehrenkleid,
Das uns're Vorfahren einst verdient getragen,
Ist morsch geworden, weil die, die es

Geerbt, 's nicht nöthig hielten auszubessern,
Als es noch Zeit. Da seine Lappen wir
Nicht flicken können, reißen wir sie ab,
Und suchen uns den Mann, der es versteht,
Uns zeitgemäß zu kleiden!

v. Wallenrodt (der inzwischen auch aufgestanden und sich wie die Anderen, während des vorhergehenden Gesprächs in die Mitte des Theaters begeben hat).

Das ist deutlich!

Rhode (spitz).

Die Herren steh'n auf Seite Brandenburgs?!

v. Eulenburg.

Wir stehen da, wo uns die Ehre hinweist. —
Ihr glaubt doch nicht, daß Ihr mit Eurem Einfluß,
Mit Eurer Macht, die Ihr in Selbstsucht schuft,
Die Rechte ehrt, die And'ren eigen sind?
Daß Ihr dem Vaterlande nützt, wenn Ihr
Im frevlen Stolz Euch an das Ausland lehnt?

v. Kikol.

Ihr lehnet Euch an Polen, weil Gesetz
Dort nicht, weil dort die Willkür herrscht, und weil
Nach Willkür Euer Trachten steht, so wollt
Ihr Euch nicht fügen dem Gesetz, das uns
Der Herzog als 'ne Wohlthat bringt!

v. Kreytzen.

Fürwahr
'Ne schöne Wohlthat, hohe Steuern zahlen!

v. Wallenrodt.

Das Land ist schon verarmt genug, da braucht
Es nicht noch fremder Esser obenein!

Rhode.

Ja, wär'n die Truppen uns zum Schutz verlieh'n!
Sein Ansehn will sich Friedrich Wilhelm gründen.
Den Kriegsruhm, den er sich erwarb, will er
Erhalten, sich dem Schweden-König, wie
Dem Kaiser Deutschlands gleich zu stellen.

v. Eulenburg.

Ist das ein Fehler? ist das ein Verbrechen?
Geziemt's dem großen Geiste nicht, wenn er
Die eig'ne Kraft im Busen fühlt, wenn er
Das höchste Ziel, das einen Fürsten ehrt,
Die Wohlfahrt seines Land's im Auge hat,
Daß er voll Kraft die Schranke bricht, die ihm
Vergang'ne Zeit errichtet hat?

v. Kikol.

Was thut
Der Herzog mehr? wenn er sein gutes Schwert
Von blankem, festem Stahl vom Roste reinigt,
Der es zerfressen will?

v. Wallenrodt.

Der Rost sind wir!

v. Kikol.

Der Rost ist Mißgunst, Neid, der Niederschlag
Von altem Vorurtheil, das nicht versteht,

Wie nach dem dreißigjährigen Kriege, wie
Nach langer, ernster Zeit, die Vorsehung
Sich Männer schaffen muß, die mit dem Blick
Des Aars, mit einem Muth, der groß erst wird
Durch eigenes Entsagen, das Saatkorn
Legen für die neue Zeit.

v. Kreytzen (höhnisch).

Vortrefflich!

v. Eulenburg.

Und wie der Landmann, der die Pflugschaar in
Die Erde senkt, um sie für neue Früchte zu
Bestellen, keine Rücksicht nimmt auf Gräser
Und auf Kräuter, die seit Jahrhunderten
Dort Wurzel faßten, so muß der Fürst, der auch
Ein Saemann ist, das Unkraut roden, das
Seine Aussaat zu ersticken droht!

Rhode.

Ihr macht uns schöne Complimente! sagt,
Ob wir uns Eures Beistand's noch erfreu'n?

v. Kikol.

Daß Ihr die Zukunft uns'res Vaterland's
Besprechen wolltet, glaubten wir!

v. Eulenburg.

Wenn Ihr
Von Beistand sprecht, scheint Ihr schon einig was
Zu thun!

Vierter Auftritt.

Christian Ludwig von Kalckstein, (mit der Hetzpeitsche in der Hand) von Schlieben, (Beide im Jagdanzuge) treten durch die hintere Thür ein.

v. Kalckstein (sehr laut im Eintreten).

Das war 'ne Jagd, hurrah, hussah, es war
'Ne Hetze just auf Tod und Leben! Ah,
(sich gegen die Umstehenden verneigend.)
Die Herr'n sind schon versammelt, nun Verzeihung, daß
Wir später kommen — aber, ha, ha, ha,
Der Schlieben war in einen Bruch gerathen,
Ha, ha, — wir hatten Mühe ihn zurück
Auf's Trockene zu bringen, ha, ha, ha!

v. Wallenrödt.

Wie kam's?

v. Schlieben.

Verdammte Meute führte mich
Auf falsche Fährte — bis zum Hals saß ich
Im Sumpf, und nur dem Buddenbrock hab' ich's
Zu danken, daß ich nicht darin ertrunken bin!

v. Kalckstein.

Mir etwa nicht, that ich nicht auch mein Möglichstes,
Um uns Dein kostbar Leben zu erhalten?
(lacht.)

v. Schlieben.

Mit schlechtem Scherz warst Du dabei! Dein Lachen zeigt's,
Daß Du nicht sehr um mich getrauert hättest!

v. Kalckstein.

Nun Nichts für ungut; meine Herren, denkt,
Den dicken Schlieben in dem Sumpf, ha, ha!
Er konnte nur noch pusten, nicht mehr reden,
Des Buddenbrocks gewaltger Kraft gelang's
Mit einer Stange ihn herauszuzieh'n!

Rhode.

So grüßen doppelt wir Sie, Herr von Schlieben,
Da Sie dem nahen Tod entronnen sind!

v. Kalckstein.

Zu trinken gebt ihm, Rhode! Denn es würde
Sein größter Kummer doch gewesen sein
Im Moore zu ersaufen, statt in Bachus Arm
Der Welt Valet zu sagen!

Rhode.

Ich bestell'
Den Wein! (er wendet sich im Vorbeigehen an Wallenrodt und Kreytzen, die im Gespräch am Tisch stehen).
Es ist die Störung uns von Nutzen!
(links ab.)

v. Kalckstein spricht leise mit v. Schlieben in der Mitte der Bühne; Eulenburg und Kikol sind rechts an das Fenster getreten.

v. Kikol.

Wir sind nun überflüssig; Kalckstein macht
Die Sitzung bald zum Trinkgelage!

v. Eulenburg.

Komm!

Es wird hier unſ're Meinung nicht die And'ren
Beſiegen!

Rhode (von links zurück).

Gleich wird Wein credenzt! Doch woll'n
Die Herrn ſich nicht zum Tiſch bequemen?

v. Eulenburg.

Nein!
Wir danken!

v. Kikol.

Da die Stimmung, die der Herr
Von Kalckſtein hier erweckt, wohl ernſtlichen
Beſchluß verhindern wird.

v. Kalckſtein.

Um meinetwegen nicht?
Da ſeid Ihr doch im Irrthum, werthe Freunde.
Die Jagd treibt ſchneller durch die Adern mir
Das Blut und gern bin ich mit einem Scherz
Zur Hand, doch gilt es unſer Anſeh'n zu
Erhalten, iſt das Blut der Ahnen eingedenk,
Die ſtolz und frei, die Herren dieſes Land's,
Sich niemals fremdem Joch gebeugt!

(Zwei Mägde treten aus der Thür links mit Krügen Weins, den ſie auf den Tiſch ſtellen und dann die vom Schanktiſch genommenen Humpen füllen — worauf ſie wieder hinaustreten.) (Rhode, v. Kreytzen, v. Wallenrodt, v. Schlieben ſetzen ſich an den Tiſch.)

v. Eulenburg.

Auch wir
Behaupten gleiches Recht!

v. Kikol.

Wir werden nicht
Der Tyrannei uns beugen!

v. Eulenburg.

Wir wollen das
Gesetz und huld'gen dem, der es zu halten
Und kraftvoll zu beschützen weiß.

v. Kalckstein.

So werdet Ihr
Mit uns das Hoheitsrecht dem Herzog nicht
Bestreiten?

v. Eulenburg.

Nein!

v. Kalckstein.

Und nicht mit uns die Steuern ihm
Verweigern?

v. Eulenburg.

Nein!

v. Kikol.

Daß Ihr auch das bereits
Beschlossen, war uns unbekannt. Wir glaubten, daß
Der Adel sich mit Königsberg's Vertreter
Darüber hier berathen würde!

v. Kalckstein.

Tod
Und Pest. Ihr steht uns feindlich gegenüber?

v. Eulenburg.

Wir sind nicht Eingeborene Oletzko's,
Die Eurer Prüfung machtlos unterworfen,
Weil sonst die Peitsche droht!

v. Kalckstein.

Die Peitsche droht?
(er erhebt sie.) Was wollt Ihr damit sagen?

v. Kikol.

Eure Knechte
Erliegen unter Eurem Joch, weil Ihr
Nach Laune und Gefallen schaltet, —
Das Recht nicht achtet, das Gesetz verhöhnt!

v. Kalckstein (erhebt knallend die Peitsche).

Die Peitsche für die Bande! Das ist Recht —
Wer hat mir denn Gesetz zu geben, he?
Und welcher Uebelthat könnt Ihr mich zeih'n?

v. Schlieben.
(der bis dahin mit den anderen Herren am Tische gesessen und getrunken hat, kommt vor.)

Sei ruhig Kalckstein, schweige still — Du weißt,
Daß große Summen nöthig waren, Deinem
Schöppen nur das Maul zu stopfen —

v. Kalckstein
(holt mit der Peitsche aus) die anderen Herren sind inzwischen auch aufgestanden und umgeben die Sprechenden.

Halt's selbst! —

Rhode.

Gemach, Ihr Herr'n! wozu der Streit! Ihr wißt
Wir haben größ're, wicht'g're Dinge vor!

v. Eulenburg.

Bei denen wir nicht stören wollen, — komm
Kikol! Ihr Schlieben hütet Euch, daß nicht
Zum zweiten Male Euch die Meute
Auf falsche Fährte führt!

Eulenburg und Kikol verneigen sich und gehen durch die hintere Thür ab.

Rhode (zu Kalckstein).

Mit Eurer Hitze
Verderbt Ihr uns das ganze Werk!

v. Kalckstein

ließ die Peitsche sinken, sucht seine Wuth zu bekämpfen, gepreßt

Verdammt
Die Hitze! Schlieben, Du mit Deinem Maul!
— Was braucht Kikol und Eulenburg zu wissen,
Vom Schöppen —

v. Wallenrodt.

Und der schönen Frau?

Rhode.

Vergang'nes ist
Vergangen! Ed'le Herr'n, zur Sache, wenn's beliebt.

v. Wallenrodt (zu Rhode).

Was, während hier die Herr'n sich stritten, wir
Beschlossen, wollt Ihr uns nochmals berichten!

Rhode.

Gern, doch nehmt zuvor erst Platz!

(Die Herren setzen sich, Rhode links, Kalckstein dem Rhode gegenüber rechts an den Tisch, die Anderen zwischen ihnen).

v. Kalckstein.

Seid Ihr schon einig?

Rhode.

Wir nah'n dem Herzog bittend um Verminderung
Des Heer's, damit wir die Accise uns
Erspar'n.

v. Kalckstein.

Verminderung des Heer's, das heißt:
Die Macht des Herren wird zerschellt! Gut ausgedacht!

Rhode.

Dagegen fordern wir die Gründung einer
Landmiliz!

v. Kalckstein.

Ha, bravo! Landmiliz! —
Wir stärken damit unser Anseh'n wieder.

Rhode.

Er soll uns uns're Privilegien
Beschwör'n — Bündnisse abzuschließen, Krieg
Erklär'n wird nur mit uns'rem Willen ihm
Erlaubt.

v. Kalckstein.

Wir sind die Herren, er bleibt — Diener! —

Rhode.

Die Einkunft der Domainen wird verwandt,
Das Contingent, was er den Polen stellt,
Zu unterhalten. Streitigkeiten, die

Entsteh'n, sind jetzt von Schöffen nur und von
Des Stands Genossen zu entscheiden.

v. Kalckstein (aufstehend).

Hurrah, das ist das Beste!
Die alte Sonne geht im Osten auf,
Sie wird den Abendstern, der uns im Westen flammt,
Sammt Nordlichtschein, den uns die Schweden brachten,
In tiefe Nacht, in schwarze Schatten legen!

v. Wallenrodt.

So sind wir nun zu Ende, werthe Herr'n?

v. Schlieben.

Ich hab' noch eine Frage! Glaubt Ihr denn,
Der Herzog wird die Petita bewill'gen?

v. Kalckstein.

Zum Henker würd' er, wenn er könnt, uns schicken!
Da dieses aber nicht so leicht gescheh'n,
So wird er mit uns unterhandeln, wird
Uns Vorschlag machen, Rückantwort empfangen,
Wodurch wir Zeit gewinnen uns ganz fein
Mit Casimir die Sache zu bedenken!

v. Schlieben.

Das heißt mit falschen Karten spielen, Kalckstein!

(Indessen hat Rhode die Humpen gefüllt und reicht den einen Kalckstein, den anderen Schlieben, die anderen Herren nehmen sich selbst die gefüllten Humpen vom Tisch.)

Rhode.

Die heut'ge Jagd, Ihr Herr'n! — stoßt an, sie lebe!

(Die Herren stoßen an.)

v. Kalckstein.

Die heut'ge Jagd, und alle Jagden leben!
Besonders die auf Hochwild, das wir jagen!

(er stößt mit Rhode an.)

Alle (anstoßend).

Die Jagd, sie lebe hoch!

Rhode.

Es leben auch
Die Jäger und zuerst, (mit Kalckstein anstoßend)
der edles Wild
Zu stellen weiß!

Alle (mit Kalckstein anstoßend).

Vivat, er lebe hoch!

v. Wallenrodt.

Geliebte Freunde, lebet wohl! Ihr sorgt
Fürs Weit're, Rhode. Kreytzen geht mit mir!

v. Kalckstein.

Wir bleiben noch und trinken fort, den Trunk
Beschafft uns Rhode!

v. Schlieben (zu Kalckstein während Wallenrodt und Kreytzen leise mit Rhode sprechen, der sie bis zur Thür begleitet).

Auch ich, ich bleibe!
Ich kann Dich nicht verlassen, lieber Freund!

v. Kalckstein (reicht Schlieben die Hand).

Mein Freund! Du hältst mit mir! Den Andern bin
Ich wenig werth, das weiß ich! überall
Nennt man den Tollen mich! doch werd ich noch
Beweisen, daß in meiner Tollheit Wahrheit sitzt —

Stellt mich da hin, da wo ich handeln kann,
Ich nütze Euch' und zeigen werde ich,
Daß Polenblut in meinen Adern rollt!

Rhode (zurückkommend).

Ich halte Euch beim Wort! — Ihr wißt was heut
Hier abgeschlossen ist — doch brauchen wir
Den Mann, der schnell und kühn es unternimmt
Mit Casimir das Weit're zu verhandeln.

v. Kalckstein (sehr laut).

Da schicket mich — ich werde Zeugniß geben,
Daß noch der alte Sinn für Freiheit bei
Uns lebt!

Fünfter Auftritt.

General von Kalckstein tritt von hinten ein. Rhode, v. Schlieben, C. L. von Kalckstein.

General.

Ei, ei, mein Sohn, ich hör' Dich wieder schrei'n, —
Und doch (traurig) hast allen Grund Du, still zu sein.

v. Kalckstein (erstaunt).

Mein Vater, Sie? — was bringen Sie für Kunde?

General.

'Ne traurige für Dich, für unser ganz Geschlecht!

v. Kalckstein. Wie so?
Rhode. Erzählet!
v. Schlieben. Was geschah?

General.

Die Ungebühr, die Du den Deinen zugefügt,
Sie schrie nach Hülfe, und nicht unerhört
Erschallte dieser Ruf, — Du weißt es ja,
Daß wir 'nen Herren haben,
Der sich bekümmert (ironisch) um der Armen Wohl!

v. Kalckstein.

Was will der Herzog mir? — bin ich nicht Herr
In meinem eig'nen Land?

General.

Im Land gewiß,
Das streitet er nicht ab; nicht aber über die,
So darin wohnen.

Rhode.

Fein gedacht!

General.

Er nennt sich der
Beschützer seines Volks, und da er unser Land
Beherrschen will, erbarmt er sich zuerst
Der Armen und Bedrängten.

v. Schlieben.

Ha, so zählt
Er auf die Menge.

Rhode.

Ja! dem Adel will
Er mores lehren, weil die Herren oft
Im stolzen Uebermuth den Bürger und

Den Bauern unterjocht und fremdes Gut
Zu ihrem eig'nen machten!

v. Kalckstein.

Und was, was soll
Das mir? Daß ich des Schöppen Frau verführt,
Das war mein Recht, weßhalb denn braucht der Tropf
Solch' schönes Weib? — und außerdem bezahlt
Ich's ihm mit Gold!

General.

Die neuen Zeiten ändern auch
Die Sitten! was bei unser'n Vätern
Als Herrenrecht betrachtet worden war,
Wird jetzt verlästert, wird verflucht.

v. Kalckstein.

Und was,
Was bring'n Sie mir?

General.

Als Amtshauptmann bist Du
Entsetzt!

v. Kalckstein.

O, Tod und Pest.

General.

Es wird Oletzko jetzt
Von Brandenburg verwaltet; irr' ich nicht.
So ist auch schon der Exekutor nah!

v. Kalckstein.

So muß ich heim, muß selbst zum Rechten seh'n,
Und Du mein trauter Jagdcumpan begleitest mich!
(reicht Schlieben die Hand.)

Rhode (einfallend).

Verzeihet mir Herr Oberst, daß bevor
Die eig'ne Pflicht Euch ruft, ich mahne
An die, die Ihr für's Vaterland auf Euch
Genommen habt!

v. Kalckstein.

Da zählt auf mich! ich schür'
Das Feuer, daß die Flamme den vernichten soll,
Der uns're Macht und unser Recht begehrt!
(zu Rhode) Die Instruction schickt mir durch Schlieben zu.
Adieu, mein Vater (reicht dem General die Hand) Rhode lebet wohl!
Das Weit're melde ich von Cas'mirs Thron!
(Er stürzt durch die Mitte ab.)

General.

Die Jugend eilt zu schnell! Ich fürchte, daß
In Ludwig Ihr Euch nicht den rechten Mann
Gewählt! Sein Blut pocht noch zu heiß; noch ist
Er nicht der Leidenschaften Herr,
An Warschaus Hof muß man besonnen sein!

Rhode.

Wir hoffen, daß Ihr Sohn mit seinem Muth
Und seinem stolzen Sinn, der rechte Schmidt,
Um Preußens Sache mit der Polens zu
Verschweißen!

General.

Polen, kenn' ich, alter Freund;
Hab' mir die Sporen dort verdient und all'
Die Narben, die mich zieren, hab' ich
In Polen Schlachten mir geholt — auch kenne ich,
Daß nicht allein der Muth, der starke Arm
Dort gilt — mit Ränken muß man sich
Sein Schicksal gründen; inn'rer Werth ist Nichts;
Der äuß're Schein, das Gold, die Weiber und
Was schlimmer noch, die Pfaffen sind dort Alles!

Rhode.

Die feinen Ränke soll ein And'rer führen:
Es soll Ihr Sohn den Abschluß nur bereiten!
Erlaubt mir jetzt, Herr General, daß ich
Die Instruction dem Herrn von Schlieben gebe?

General.

Laßt Euch durch mich nicht stören, werthe Herr'n!

(Er setzt sich auf einen am Fenster stehenden Stuhl — Rhode und Schlieben gehen an den Tisch; ersterer nimmt ein Schriftstück in die Hand, das er dem Schlieben erklärt.)

Nicht jeder Mensch ist seines Glückes Schmidt,
Weil, wenn er's wär, ich voll d'rin sitzen müßte!
Die Güter, Ansehn, Rang ererbt' ich von
Den Eltern; nutzte sie, so wie die Alten,
Um mir das Dasein angenehm zu machen.
Für's Lebens Nothdurft braucht' ich nicht zu sorgen,
Die hatt' ich reichlich, da die Knechte frohnten.
Das Anseh'n, wie der Rang war in der Wiege schon

Bescheert und nur für letzt'ren that ich das,
Was mir gefiel — was sollte ich noch mehr?
Daß and're Zeiten kämen, konnt' ich's wissen?
Bin ich d'ran schuld, daß uns ein neuer Herrscher
'Ne neue Ordnung bringt, die uns're Macht
In uns'rem Land zerbricht! Für Jene mag
Das Sprüchwort wohl Bedeutung haben, daß
„Sein Glück sich Jeder selbst erbaut"! —
Für uns nicht mehr (auffahrend) es sei denn, daß wir es
Verständen, Rache, Wuth, die Eigenliebe,
Den Stolz uns so zusamm' zu schmieden, daß
Sie wie Donnerkeil dazwischen führ'n,
Und jenen Mann, der weniger wie wir,
Der sich vom Kleinen erst empor geschwungen,
Zurück zum Staube würfen, dem er angehört!

Rhode und Schlieben haben sich bei den letzten Worten genähert.

Rhode.

Sie sprechen's aus, was wir im Herzen fühlen,
Im Staube soll er Preußens Macht erkennen!

v. Schlieben.

Im märk'schen Sande seinen Stolz begraben!

General.

Sein Hochmuth wird der Todtengräber sein!

Rhode.

Wir legen auf die Gruft ihm einen Stein,
An dem er seine Kraft am Tage des Gerichts
Erproben kann!

v. Schlieben.

Ich werde helfen diesen Stein
Zu wälzen! — habt Ihr Bestellung noch
An Eu'ren Sohn?

General.

Er soll nicht wanken! soll
Beständig bleiben, eingedenk sein,
Daß Jagello auch sein Ahnherr war! —

(er reicht Schlieben die Hand, die dieser küßt und sich auch gegen Rhode verneigend, durch die hintere Thür abgeht).

General.

Wer wird in Warschau Ludwig Beistand leisten?

Rhode.

Mein Sohn! er ist gewandt, und wenn der König nicht
Für uns're Sache sich entscheidet, ist's
Ihm leicht, da er mit röm'schen Paters eng'
Vertraut, das Fegefeuer als Zukunftsbild
Der Königin zu zeigen — und das hat
Seinen Zweck noch nie verfehlt.

General.

Das will
Mir nicht behagen! — Der Weiber würd'
Ich mich, wenn's meinem Zwecke nützt, bedienen,
Doch nicht der Pfaffen!

Rhode.

Schlau sind beide, so ist
Es Einerlei!

General.

Nicht einerlei! Das Weib,
Das ich für meinen Plan gewinnen will,
Muß ich erringen, sei's durch Schönheit, Tapferkeit
Und Geist — des Pfaffen Hülfe kauf' ich mir
Mit Gold! — Doch nun genug, bleibt uns'rer Sache treu,
(reicht ihm die Hand) Und giebt es wieder Krieg, so steigen
(haut an die Tasche) Die Finanzen!

(Er geht, Rhode begleitet ihn bis zur hinteren Thür.)

Sechster Auftritt.

Rhode, ohne den General, später v. Kreytzen.

Rhode (kommt nach vorne).

So steigen die Finanzen,
Das ist schon recht, doch fraglich bleibt es immer
Weß Beutel dabei wird gefüllt. Gelingt
Es uns, daß Cas'mir sich auf uns're Seite stellt,
So haben wir die Aussicht!

von Kreytzen (schnell von hinten eintretend sehr erregt).

Habt Ihr schon gehört?

Rhode.

Gehört? noch Nichts! Ihr seid ja ganz bestürzt!

v. Kreytzen.

Daß Johann Casimir der Kron' entsagt!

Rhode.

Welch' altes Weib band Euch dies Märchen auf?

v. Kreytzen.

Die Wahrheit ist's, ich sah es Schwarz auf Weiß
Beim Hofrichter von Kreytzen, meinem Ohm.

Rhode.

Da läuft bereits der Has' uns über'n Weg —
Wer ist bestimmt dem König nachzufolgen?

v. Kreytzen.

Wisniowicki Michael folgt ihm.

Rhode.

Da können wahrlich wir von Glück noch sagen,
Der Michael will uns'rer Sache wohl!
Doch schnell muß jetzt die Ordre, welche Schlieben
Dem Kalckstein überbringen soll —

v. Kreytzen (einfallend).

Soll der
Denn wirklich Ueberbringer sein?

Rhode.

Mir wär'
Ein And'rer lieber! ihn erwartet Kalckstein,
So werden wir, um ihm die Laune nicht
Zu trüben, Schlieben senden müssen!

v. Kreytzen.

Pah, schicket mich!

Rhode.

Ihr wolltet? Kreytzen habt Ihr auch bedacht,
Was Ihr für'n Opfer bringt?

v. Kreytzen.

Für's Vaterland,
Da gilt mir Nichts so hoch, um's freudig nicht
Dahin zu geben.

Rhode (ihn umarmend).

Ihr seid mir der Rechte!
Gott seg'ne Euch und uns're gute Sache.

v. Kreytzen.

Ich danke für den Wunsch; jedoch vertrau'
Ich mehr der eig'nen Kraft, sie hilft mir mehr!
(grüßt mit der Hand im Abgehen).
Lebt wohl! harrt muthig aus! ich eile jetzt!
(Schnell durch die hintere Thür ab, Rhode sieht ihm gedankenvoll nach).

Rhode.

Er baut auf seine Kraft! Das ist nicht gut,
(eilt an das Fenster, öffnet es und ruft hinaus).
Kreytzen! Wer Gott vertraut, hat fest gebaut!

Der Vorhang fällt.

Zweiter Aufzug.

Garten vor dem Schlosse zu Oletzko, welches links vom Beschauer liegt, dasselbe hat 2 Thüren. Den Garten begrenzt im Hintergrund eine niedrige Mauer, in welche Steinbänke eingelassen sind. Rechts in der Mauer ein Thor, an welches sich der, die rechte Seite der Bühne begrenzende, Tannenwald lehnt. Ueber die Mauer sieht man, wenn es hell wird, auf in blauem Duft liegende Berge. Vorn, ziemlich in der Mitte der Bühne, steht ein Steintisch, vor dem Schlosse Bänke, von knospenden Sträuchern umgeben; solche stehen auch an der hinteren Mauer.

Morgendämmerung. Hinter der Scene hört man Trompetensignale — kurze Commandorufe — bald darauf Stimmen von außen.

Erster Auftritt.

Frau von Kalckstein, bald darauf der Voigt. Stimmen von Außen.

Stimmen (außen).

He, machet auf!

Frau von Kalckstein (erscheint oben am Fenster).

Gott was ist das?

(ab).

Stimmen (außen).

Macht auf!
Wir fordern's auf Kurfürstlichen Befehl.

Voigt (tritt unten aus dem Schloß).

Geduldet Euch, ich öffne gleich das Thor.
(er geht über die Bühne an's Thor).

Frau von Kalckstein (aus dem Schloß).

Einlaß begehrt man in des Herzogs Namen?
Was will er hier am letzten Ort des Lands?
Sollt heute schon die Ahnung sich erfüllen?
Doch Ludwigs Thaten schüren das Verhängniß,
Das seit dem Wald von Romowe noch nicht
Gesühnt, auf der Familie lastet!

Voigt (kommt zurück).

Frau von Kalckstein.

Was deutete der Lärm?

Voigt.

'Ne Botschaft ist's
Vom Herzog an den Herrn, die scheint's mir, mehr
'Ner Trauerkunde gleicht.

Frau von Kalckstein.

Und sagtet Ihr
Denn nicht, daß Herr von Kalckstein fern, und daß
Es nicht geziemt in des Amthauptmanns Schloß
Bei Nacht zu dringen?

Voigt.

Ja, ich that's; doch forderte
Der Führer jener Truppen, weil er nicht

Die Zeit versäumen dürfe, Euch zu sprechen.

Frau von Kalckstein.

So führt ihn her!

Voigt (nach stummer Verbeugung ab zum hinteren Thor.)

Frau von Kalckstein.

O fasse Dich mein Herz und lerne tragen,
Was jetzt das Schicksal über Dich verhängt,
'Ne Trauerkunde murmelte der Alte, —
Was kann es sein, das so unvorbereitet
Der Herzog meinem Mann zu melden hat?
Sollt' er mit seinem Vater, der, wie er,
Der neuen Herrschaft zürnt, es wagen, im
Vertrau'n auf Polens Hülfe gegen Brandenburg
Sich zu empör'n?

Zweiter Auftritt.

Oberst von Brandt, Rittmeister Graf Dohna treten durch das inzwischen vom Voigt geöffnete Thor ein. Der Voigt bleibt am Thor stehen. Frau von Kalckstein.

Frau von Kalckstein (für sich).

Die Entscheidung naht!

(sie geht den Herren entgegen, erwidert mit Fassung und Stolz deren Verbeugung und ladet die Herren durch eine Handbewegung ein, näher zu treten.)

von Brandt (im Vorgehen).

Daß wir zu Gast uns bitten, möget Ihr
Verzeihen, gnäd'ge Frau. Die Ordre gab
Uns unser Herr, der Kurfürst.

Frau von Kalckstein.

So verlest

Sie mir, da mein Gemahl auf Reisen sich befindet.

von Brandt (zu Graf Dohna).

Die Ordre! gebt!

Dohna reicht Brandt die Ordre, er entrollt sie und stellt sich wie Dohna militärisch auf — Frau von Kalckstein setzt sich auf die Bank.

von Brandt (liest).

Wir Friedrich Wilhelm, Kurfürst
Von Brandenburg, in Preußen Herzog,
Erkennen auf Bericht des Statthalters,
Daß Christian Ludwig Kalckstein, eh'mals Oberst,
Besitzer von Oletzko (mit erhobener Stimme) und von unſ'rer
Gnade
Amtshauptmann, aus dieser Stellung
Verübter Gräuel wegen, wird enthoben!

Frau von Kalckstein (aufspringend, ihn unterbrechend).

O Gott, das giebt ein Unglück! gift'ger Haß
Verzehrte schon sein Herz!

(sie sinkt auf die Bank zurück, kämpft mit ihren Gefühlen, ohne auf das Weitere zu achten. Brandt sieht sie erstaunt aber theilnahmsvoll an — Voigt kommt nach vorn).

von Brandt (nach kurzer Pause).

Wir ordnen auch
Zugleich, daß des Befehls Vollzieher, Herr
Von Brandt, des Amtshauptmanns Geschäfte übernimmt.

Lange Pause — endlich erhebt sich Frau v. Kalckstein und spricht mit wiedergewonnener Fassung, doch leise zögernd.

Frau von Kalckstein.

Ich heiße Sie, wenn schweren Herzens auch

Auf unser'm Gut willkommen, Herr! Es soll
Der Preußen Gastfreundschaft, ein Erbtheil von
Den Vätern, Sie die Heimath nicht entbehren lassen.
(zum Voigt) Geleitet nun die Herren auf ihr Zimmer
Und sorgt, daß es an Nichts gebricht. Auf Wiederseh'n!

(sie verneigt sich — die Offiziere thun dasselbe und entfernen sich durch die ihnen vom Voigt geöffnete Schloßthür.)

Dritter Auftritt.

Frau von Kalckstein (allein.)

Die Sonne ist inzwischen aufgegangen und wird jetzt über der Mauer sichtbar.

Der Tag bricht an, o möchtest Gott Du, wie
Die Sonne jetzt die Nacht verscheucht,
Allmächtig wandeln uns're finst'ren Sorgen,
In helle Freude mit dem neuen Morgen.

(sie geht in das Schloß.)

Vierter Auftritt.

Marie (tritt aus der hint'ren Schloßthür) nachher der Voigt und Stimmen hinter der Scene.

Marie.

Ich athme Dich, Du freie Gottesluft,
Du linderst allen Kummer, der mich quält.
Und wie im Frieden hier noch Alles ruht,
So denke ich, kehrt er der Seele wieder
Und heilt die Schmerzen, die sie jetzt durchbeben.
Dann fei're ich den Frühling, den wir heut'
Begrüßen, wie ein Freudenfest! Es lebt
Die Hoffnung, Sträuche knospen, Blüthen sprießen,

Ich suche deine Boten, holder Frühling,
Die trauten Veilchen für die liebe Mutter!

sie geht bis an die Mauer, sucht und verschwindet zuweilen rechts in den Tannen und zwischen den Sträuchern.

Voigt (ist schon bei Mariens letzten Worten aus dem Schloß getreten.)

Wie arglos wanderst Du an Abgrunds Rand?
Du kennst noch nicht die schreckensvolle Kunde,
Die uns die letzte Nacht gebracht — o möchte sie
Vorübereilen wie die Hagelwolke,
Die uns in Sorgen setzt, weil sie die Saaten uns
Zerknicken könnte und die das Herz,
Wenn sie vorüberzog, zum Dank entflammt!
Hier ist es Wahrheit — Strafe für die Unbill,
Die unser Herr im Uebermuth dem Volke
Zugefügt.

(Man hört wilde Stimmen hinter der Mauer, darunter den Ruf:)

„Dem Herzog hoch'
Hurrah!“

Voigt.

Was deutet das? — sollt' man's schon wissen
Daß er entsetzt?

Er geht an die Mauer — das Geschrei kommt immer näher, Marie kommt aus den Tannen hervorgestürzt und besteigt die Bank an der Mauer.

Marie.

Was will das Volk?, was heißt
Das wüste Schrei'n?

Voigt, der inzwischen auf die Mauer gestiegen ist, ruft hinunter

Was wollt Ihr Leute auf
Der Burg des Herrn?

Stimmen (von unten).

Den neuen Amtshauptmann
Begrüßen.
Wir woll'n danken, Hoch dem Herzog!

Marie.

Dem neuen Amtshauptmann?!

Stimmen (von unten).

Der Kurfürst hoch!

Voigt.

Zurück Ihr Leute, das ist keine Art,
In wilden Haufen an die Burg zu dringen!
Ich ford're Ruhe in des Herren Namen!

Stimmen (außen).

Wir wollen Einlaß! zum Gesandten. Auf!

Voigt (steigt von der Mauer; zu Marie).

O, Fräulein, eilen Sie hinein, ich will
Hinaus und Ruhe stiften.

Fünfter Auftritt.

Oberst von Brandt aus dem Schloß. Vorige.

v. Brandt.

Das braucht Ihr nicht!
Bringt mir den Angesehensten herauf!
Ich will ihn sprechen, hören, was sie woll'n,
Die And'ren werden dann schon ruhig sein!

Voigt.

Wie Ihr befehlt. (Er geht ab, das Geschrei dauert fort) Marie blieb, als sie Brandt erblickt, erstaunt stehen — sie legt die gesammelten Veilchen auf den Tisch.

Marie (für sich).

Ein fremder Cavalier!

v. Brandt (sich mit Anmuth verneigend)

Ich irr' wohl nicht, daß vor des Schloßherrn Tochter
Ich mich verneige.

Marie.

Dank mein Herr!
Verzeihet aber auch, wenn ich Euch frage,
Was uns die Ehre des Besuches schafft?

v. Brandt.

Des Fürsten, meines Herrn Befehl, den ich
Bereits der gnäd'gen Mutter mitgetheilt.

(Erneutes Schreien — Hochrufe.)

Marie.

Und was bedeutet dieser Lärm?

v. Brandt.

Sorgt nicht!
Ich werde Ruhe stiften. (verneigt sich.)

(er geht zum Hintergrunde, wo der Voigt mit dem Gewerkmeister eintritt — das Geschrei hat einem Stimmengemurmel, das man bald leise, bald lauter hört, Platz gemacht.)

Marie (erwidert den Gruß, sieht ihm einen Augenblick nach).

Nun zur Mutter!

Denn bange klopft das Herz, das eben noch
Im Jugendfrohsinn schlug!
(ab in das Schloß.)

Sechster Auftritt.

von Brandt, Gewerkmeister kommen in den Vordergrund.
Voigt bleibt während des ganzen Auftritts hinten auf der Mauer.

v. Brandt (im Vorgehen).

Daß Herr von Kalckstein grausam war und hart,
Und Eure Rechte nicht geachtet hat,
Ist auch die Ursach, daß der Kurfürst ihn
Des Amts entsetzt; denn Jedem soll sein Recht,
Ob hoch, ob niedrig, werden. Dieser Wahlspruch
Hat Hohenzollerns Fürsten stark gemacht,
Da sie mit Freuden ihm zuerst gehorchen.

Gewerksmeister.

So dürfen wir auf seinen Beistand rechnen?
Der Gutsherr darf des Hauses Frieden nicht,
Den sicheren Erwerb uns nicht vernichten?

v. Brandt.

Wenn das Gesetz Ihr achtet, seid versichert,
Daß Niemand Euch in Eurem Hause stört.
Die neue Herrschaft wird die Willkür brechen,
Die eingenistet von der Polen Zeit.

Gewerksmeister.

Und was mit saurer Arbeit wir verdient,
Ist unser Eigenthum?

v. Brandt.

Gewiß! nur müßt
Die zu des Landes Wohlstand nöth'gen Steuern
Ihr willig zahlen.

Gewerksmeister.

Steuern zahlen? Das
Ist schwer, denn wir sind ausgesogen bis
Zum letzten Pfennig!

v. Brandt.

Auch das ändert sich!
Und bill'ge Rücksicht nimmt man für den Anfang.

Gewerksmeister.

So ist's nicht wahr, daß manche Stadt die Schindeln ab
Von ihren Dächern nahm und den Erlös
Verwandte, unerschwinglich hohen Zoll
Zu zahlen?

v. Brandt.

Das ist eine Lüge, —
Von Bösgesinnten ausgestreut, damit
Man uns'res gnädigen Herren Regiment
Verachte, ihm mißtraue! strafbar ist,
Wer weiter sie verbreitet — merkt Euch das!

Gewerksmeister.

O Dank von Herzen! Dank für diese Kunde,
Für die wir gern dem Brandenburger Herrn
In Treue dienen woll'n.

v. Brandt.

Dann werdet Ihr

Euch seiner Gnade freu'n! Verkündet das
Den Euren!

Gewerksmeister.

Hoch der Kurfürst!

Stimmen (von außen.)

Hoch! Er lebe!

Gewerksmeister.

Der neue Amtshauptmann soll leben!

Stimmen (von Außen.)

Hoch!

v. Brandt.

Genug! Geht zu den Euren! sorgt für Ruhe!

Gewerksmeister (sich tief verneigend.)

Mit Freuden, gnäd'ger Herr!

(geht nach dem Thor, das der Voigt öffnet — Beide durch dasselbe ab.)

v. Brandt

bleibt in Gedanken stehen — man hört noch längere Zeit die Hochrufe des sich entfernenden Volkes.

Der erste Theil des Auftrag's wär' erfüllt,
Zwar nicht der schwerste; Kalckstein wird ergrimmen,
Weil ihm das Ehrenamt entzogen ward,
Das schnöde er mißbraucht. Da war kein Mensch
Vor seiner Laune sicher; nicht schonte er
Der Ehe heilig Band! auch flüstert man
Von Mord, den er beging an einem Mann,
Deſſ' Weib er sich entführt! Erbarmenswerth
Ist der, deſſ' Leidenschaft den Geist, die hehre
Mitgift aus des Himmels Höh'n ertödtet
Im Pfuhle der Gemeinheit! Glücklich der,

Der sich im ird'schen Kampf, der Seele Glanz
Im Sternenlicht bewahrt! Und konnte Kalckstein hier
Nicht friedlich leben, im Besitz geehrt,
Vereinet mit der Gattin und der Tochter?
Sie trat so freundlich mir entgegen; kennt
Sie wohl den Vater? wird sie mir verzeih'n,
Daß ich der Bringer böser Botschaft bin? —
Doch eit'les Fragen — ich stehe ja
Im Dienst — es ist Gehorsam des Soldaten Pflicht,
Und wer gehorchen kann, kann sich beherrschen,
Er findet stets in dem Bewußtsein Lohn,
Daß niemals er dem eig'nen Ich zum Sclaven wird,
Da dieses Willkür, nicht Gesetz ihm ist.
(Er nimmt die Veilchen, die Marie liegen ließ, vom Tisch, sie betrachtend.)
Ihr Frühlingsboten, wem seid Ihr bestimmt?
Wer darf mit Euch sich lieblich schmücken? Ihr
Seid auch ein Bild von dem, was ich gesagt;
Ihr blüht bescheiden in des Waldes Schatten,
Nicht zieht Ihr strahlend unsern Blick auf Euch,
Und lohnet dann erst mit dem feinen Duft,
Wenn wir mit Mühe Euch gesucht. So freut
Sich der Soldat auch mehr der Ehre, die er
Entsagend sich erwerben muß, als der,
Die er im Kampf erlangt. Viel schwerer ist
Es auszuhalten, wenn, Gewehr am Fuß,
Des Feindes Kugeln uns umtoben, als
Von Leidenschaft bewegt, sie zu versenden.
So kam ich her! gehorsam dem Befehl,
Nicht nach des Herzens innerstem Verlangen,

Und finde nun die Veilchen ungesucht, —
(steckt den Strauß in sein Collet)
Mögt liebe Blumen Ihr mein Schicksal sein!
(ab nach rechts.)

Siebenter Auftritt.

Frau von Kalckstein und Marie aus dem Schlosse.

Fr. v. Kalckstein.

So kennst Du nun die schreckensvolle Kunde?

Marie.

Ja theure Mutter, schmerzlich traf sie mich,
Und doch kann ich nicht klagen und bedauern,
Da sie gerecht nur scheint, nach all dem Unheil,
Das täglich wir vernahmen.

Fr. v. Kalckstein.

Weh' mir, daß ich
Den Gatten nicht vertheid'gen, Dir den Vater
Nicht anders schildern kann, als er in Wahrheit ist.
Doch von der Mutter schon hab' ich gelernt,
Daß man die Wirklichkeit, selbst, wenn sie rauh erscheint,
Nicht durch die Lüge anders soll gestalten,
Sei's auch aus Liebe, die heruntersinkt
Aus ihrer lichten Höh' zur Gleißnerin.

Marie.

Was würde es auch nützen, liebe Mutter,
Wo ich die Wahrheit selbst erkennen kann,
Daß Du sie mir in gold'nem Schaume reichst?
Sie gleichet dann der Nuß am Weihnachtsbaum,

Die ihres Kerns beraubt; das Kind erfreuet sie
Der schönen Hülle wegen, weil es nicht
Zu unterscheiden weiß: was recht und wahr;
Doch wer nach Wahrheit strebt, der wendet sich,
Weil ihn die Schale trog, enttäuscht hinweg,
Und Mißtrau'n stört der Seelen Harmonie!

Frau von Kalckstein (Marie umarmend).

Beruh'ge Dich — es naht sich uns der Voigt.

Achter Auftritt.

Voigt aus dem Schloß. Vorige.

Voigt.

Der Oberst, gnäd'ge Frau, erbittet sich
Und seinem Offiziere die Erlaubniß
Euch aufzuwarten.

Frau von Kalckstein.

Führt die Herren in
Den Ahnensaal, in einer Stunde will
Ich sie empfangen — geh' voraus, Marie
Und ordne meinen Anzug.

Marie.

Gerne, Mutter!

(ab in's Schloß).

Frau von Kalckstein (zum Voigt).

Was zögerst Du?

Voigt.

Der Oberst, gnäd'ge Frau
Heißt — Brandt.

Frau von Kalckstein.

Was sagst Du? — Brandt? Laß mich allein.

Voigt geht ab in's Schloß; nach einer Pause:

Frau von Kalckstein.

Wie ruft der Name mir die ganze Fülle des
Erinnern's wach! Das erste Glück der Liebe kehrt
Zurück! Unausgesprochen, aber tief
Gefühlt! Die erste Freude, die das Herz
Durchzittert und die es stumm zu Grabe trug.
— Sie lebt jetzt auf, bei dieses Namens Klang!
Ob er verwandt mit meinem Jugendfreund? —
Kann er mir Nachricht geben von dem Mann,
Den ich geliebt und den im kindlichen
Gehorsam ich geopfert dem Gebot
Des Vaters? — Seit Jahren hab' ich Nichts
Von ihm gehört, weiß nicht, ob er noch lebt,
Ob ihn nicht in den Schlachten, die er mitgemacht,
Die Todeskugel traf? Nur die Erinn'rung bringt
In schönen Bildern mir Vergangenheit zurück!
Sei ihr die Zukunft gleich, das ist
Mein heißer Wunsch! So nahe bange Stunde,
Du bringst von ihm gewiß mir sich're Kunde!

(sie geht in das Schloß).

Verwandlung.

Ahnen-Saal im gothischen Styl. Hohe Bogenfenster links, in der hinteren Wand eine Thür, über der sich das Familien-Wappen befindet. An beiden Seiten der Thür sind Rüstungen angebracht. An der rechten Wand hängen eine große Menge Portraits.

Neunter Auftritt.

Voigt. Zwei Diener.

(Ersterer ist beschäftigt die Bilder abzustäuben; letztere ziehen die Vorhänge von den Fenstern, um zu lüften.)

Erster Diener.

Die Frühlingsluft laßt durch die Fenster ein!

Zweiter Diener.

'Ne and're Luft wird überhaupt bald weh'n.

Erster Diener.

'Ne andre Luft?

Zweiter Diener.

Nun ja 'ne Brandenburger,
Denn mit des Herren Herrlichkeit ist's aus.

Erster Diener.

Das wär' noch besser! unser Herr, der bückt
Sich nicht so leicht, zumal vor einem Jünger'n.

Zweiter Diener.

Ich wüßt' nicht, daß der jünger wär; er kommt
Von Süden her, und mit dem Südwind wird
Das Wetter wärmer!

Erster Diener.

Dummer Thor! laß nicht
Nach Neuem Dich gelüsten. Deiner Nase,
Die überhaupt in Alles 'rein sich steckt,
Wird nicht die Kälte schaden!

Zweiter Diener.

Ha, man sieht's
Wie Dich der Gnäd'ge fesselt! Meine Nase laß
In Ruh! damit sie nicht 'mal spürt, wovon
Die blut'gen Flecken sind an Deinem Wamms.

Erster Diener (will auf ihn zu).

Verdammter Schuft! Du —

Voigt (dazwischenfahrend).

Still! laßt es genug sein
Des albernen Gewäsch's und zankt nicht mehr!
Hinaus! halt' mir die losen Mäuler still!
Die Herren dürfen Euer'n Streit nicht hören!
Ich werd sie hier erwarten! also marsch!

(Die Diener ab.)

Zehnter Auftritt.

Voigt allein, (stäubt die Bilder ab.)

'N feiner Mann, der Oberst Brandt, man sieht —
Was Bildung macht — bei unser'n Herr'n, da heißt
Es: Jagd und Kampf, Hussa, und dann ein Trunk,
Ein Spiel, da kocht das Blut, und Saufen, Raufen ist
Das Ende. — Schlechtes Ende! — Nun das Bild
Des Skurdo abgestäubt — ob dem im Himmel auch
Der Staub, der sich als Schmutz auf seine Seel'
Gesetzt, so sorgsam abgefeget wird,
Wie ich sein Bild? ob nicht das Fegefeuer,
Ihn heißer macht, als mein bescheid'ner Besen? —
Nicht grübeln, Alter! — an die Arbeit!
(er will hinausgehen.)

Eilfter Auftritt.

Es treten ihm entgegen Oberst v. Brandt und Graf Dohna, beide in großer Uniform.

Voigt (verneigt sich).

Ich werde gleich die Gnädige bescheiden!

v. Brandt.

Wir warten gern! —

(Voigt ab.)

Seht Euch die Bilder an,
Sie zeigen uns ein reckenhaft Geschlecht!

v. Dohna (im Betrachten der Bilder.)

Und doch verkommen! In der Mark ist es
Doch anders, — da macht die Arbeit erst
Den Mann!

v. Brandt.

Das heiße Blut, was hier rumort,
Bethört das Herz und auch das Hirn — doch seht
(auf ein Bild zeigend.) Das ist der Mann, der in der Schlacht von Warschau
Den Vater mir getödtet hat, es war
Ein Kalckstein!

v. Dohna.

Ich erkenne ihn!

Zwölfter Auftritt.

Frau v. Kalckstein und Marie (schwarz gekleidet) treten auf.
v. Brandt und Dohna verneigen sich.

v. Brandt.

Erlaubt uns gnäd'ge Frau uns vorzustellen!
Mein Nam' ist Oberst Brandt; hier Graf von Dohna!

Frau v. Kalckstein.

Ich, wie die Tochter, heißen Sie willkommen!
Und wünschen, daß wenn auch die Gegenwart
Uns trüb' erscheint, die Zukunft freundlich sich
Für uns gestalte!

v. Brandt.

Gleicher Wunsch erfüllet mich!
Und was an uns, so soll sich auch kein Grund
Zur Klage für Euch finden.

Frau von Kalckstein.

Wohlthuend ist
Die Art in der Sie reden, mich erfreuend!
Sie heißen Brandt?

v. Brandt.

Ja, gnäd'ge Frau!

Frau von Kalckstein.

Sind Sie verwandt mit einem Herrn von Brandt,
Der früher an dem Hof zu Warschau war?

v. Brandt.

Es war mein Vater!

Frau von Kalckstein (bei Seite).

Gott, sein Vater!

Marie (für sich).

Ist
Es möglich, er der Sohn von jenem Brandt!

v. Brandt.

Und eben, als Ihr kamt, sprach ich von ihm,
Da jenes Bild mich lebhaft sein erinnert!

Frau von Kalckstein.

Das Bild? — wie so? es ist mein Schwiegervater.

v. Brandt.

Dann fand durch ihn mein Vater seinen Tod!

Frau von Kalckstein.

Seltsam Verhängniß! o erzählt es uns!

v. Brandt.

Es war in Warschaus blut'ger Schlacht, zu der
Im Uebermuth uns Johann Cas'mir zwang;
Wo er die Schweden, wie die Brandenburger
Zum Frühstücksimbiß seinen Steppenhorden,
Wo er dem ed'len Zollernfürsten ein
Gefängniß zugedacht, in das nicht Mond,
Nicht Sonne scheinen sollte.

Frau v. Kalckstein.

Schrecklich!

v. Brandt.

'Ne solche Schmach konnt unser Fürst nicht tragen,
Er wollte lieber siegend untergeh'n
Als fremder Willkür sich zu unterwerfen!
Mit Karl Gustav schnell verbündet, eilt er

Auf Warschau zu, denn gnäd'ge Frau, es ist
Ein Vorzug uns'res Herrn, daß muthigem
Entschluß die That nicht fehlt, die seine Größe gründet!
Wir Brandenburger standen links und auf
Dem rechten Flügel, von der Weichsel Strom
Begrenzt, die Schweden. — Drei Tage wüthete
Die Schlacht, denn gut verschanzt, von sumpf'gem Wald
Gedeckt, stand Polens Macht uns gegenüber.
Der Sensenmänner regellose Schaar,
Die Kriegsrecht nicht, nur wilde Mordlust kannte,
Sie brachte oft uns in die schwerste Noth.
Und nur der Führer scharfer Blick, entschloss'ne
Gegenwart des Geistes vermochte die Gefahr
Zu überwinden, in der wir rettungslos
Uns schon verloren sah'n. So siegten wir!
Nach blut'gem, schwerem Ringen, — entfaltete
Der rothe Aar die Schwingen; jubelnd zog
Das Heer in Warschau ein! —

Frau von Kalckstein.

Wo starb der Vater?

v. Brandt (zu Dohna).

Graf Dohna wird's erzählen, gnäd'ge Frau!

v. Dohna.

Es war am zweiten Tag; die Fürsten hatten
Am Morgen schon des Feindes Position
Recognoscirt; die Schweden sollten ihn
In seiner schwachen linken Flanke fassen;
Und unser kurfürstliches Heer das Centrum kühn

Behauptend den schwed'schen Angriff decken.
Der Feind, der diese Absicht wohl bemerkt,
Er stürzt mit einer Kraft auf uns, daß wir
Kaum Stand zu halten mögen den Tartaren,
Der Muth scheint schon die Truppen zu verlassen,
Da sprengt der Kurfürst vor, ihm folgen flugs
Die Reiter — und zur Attaque schmettert
Die Trompete.

v. Brandt (im Kampfeseifer einfallend).

Ja, gnäd'ge Frau, und von
Dem rechten Flügel sendet unter Feld-
Zeugmeister Spaar's geistvoller Führung —
Die Artill'rie verderbenbringend Feuer.

v. Dohna.

Daß unser Fußvolk sich versammeln und zur
Verfolgung übergehen kann.

v. Brandt.

Und in
Dem letzten Augenblicke der Entscheidung hat
Carl Gustav auch den Platz erreicht, wo er
Mit seinen Kriegern -- die Polen an die Brust
Sich drücken kann.

v. Dohna.

Ein Jubelruf durchfliegt
Die langen Reih'n. Man glaubt den Sieg schon in
Der Hand zu halten, — als die Polen
In ihren Schanzen feige sich verkriechend,
Für heute uns zum Stillestande mahnen.

Ich will mit meinen Leuten eben seitwärts schwenken
Als mir die Kunde wird, daß Schwedens König,
Im Schlachtenmuth zu weit voraus sich wagend,
Von poln'scher Reiterei umzingelt sei!
Jetzt galt es kein Besinnen! „Vorwärts"
Das war die Losung — die mich und meine Reiter
Wie Blitzesstrahl die Richtung suchen ließ,
In der wir kurz zuvor den Fürsten jagen sah'n.

v. Brandt.

Mein Vater war ihm spornstreichs nachgefolgt.

v. Dohna.

Zum Glücke fanden wir sie bald, denn außer
Eurem Vater, war Rittmeister Trabenfeld
Und wen'ge Leute an des Königs Seite.
Wir hieben flugs die Feinde auseinander,
Doch leider hatte schon Ihr Vater, von
Der Polen Führer einen Schuß erhalten,
Der ihn in meinen Armen sterben ließ!

Frau von Kalckstein.

Wer sagt Euch denn, daß das ein Kalckstein war?

v. Dohna.

Der Sterbende hat es mir noch vertraut:
„Ein Kalckstein war es in der Jugend,
Der mir des Lebens schönstes Glück geraubt, —
Im Alter ist's ein Kalckstein, der mich tödtet!"

Frau von Kalckstein (aufschreiend.)

O Gott!

Marie.

Was ist Dir Mutter?

v. Brandt.

Gnäd'ge Frau!

Marie hat die schwankende Frau von Kalckstein gestützt und geleitet sie zu einem Stuhl, den Dohna herangerückt hat. Frau von Kalckstein läßt sich in diesen gebrochen nieder; Marie sinkt ihr zu Füßen und bedeckt ihre Hände mit Küssen.

Marie.

Komm zu Dir, liebe Mutter!

v. Brandt.

(der inzwischen mit Dohna leise gesprochen, worauf dieser nach Verneigung gegen die Damen abgegangen.)

Diesen Vorfall
Bedau're ich unendlich, weil ich ihn
Verschuldet.

Frau von Kalckstein (mit matter Stimme.)

Nicht Sie; ich habe es veranlaßt,
Daß sich die Wunden, die geheilt ich wähnte,
Durch meine Fragen neu geöffnet haben.
(sie erhebt sich.) Ich gehe mich zu ruh'n, Du bleibst Marie,
Und sorgst für unsern lieben Gast. Lebt wohl!

Marie.

Hast Du Dich auch erholt?

Frau von Kalckstein.

Sei unbesorgt!
Wer so, wie ich des Lebens Leid erfuhr,
Der zittert wohl, doch scheut er nicht Gefahr!
Auf Wiedersehen, Herr von Brandt!

(sie verbeugt sich und geht langsam ab).

v. Brandt (erwidert die Verbeugung).

Lebt wohl!

(Nachdem Marie ihrer Mutter besorgt nachgesehen, ladet sie mit Handbewegung Herrn v. Brandt ein, sich zu ihr zu setzen, was er thut).

Sie schauten sorgend Ihrer Mutter nach,
Mein Fräulein — ich selbst bin sehr bestürzt,
Daß die Erzählung von des Vaters Tod
Sie so erschüttert hat — sie sprach von Wunden, die
Geheilt sie wähnte —

Marie.

Ja Herr Oberst!

Sie sollen ihren Schmerz erfahren, denn in
Der ernsten Zeit, in der wir uns befinden,
Da ist der Gast des Hauses auch sein Freund
Und um so mehr, wenn wie es hier der Fall,
Ein Leben zu beklagen ist, das Ihnen ja
Vor allen werth gewesen — doch das
Sein Licht auch warf in unser Haus.

v. Brandt.

Versteh' ich Sie?

Marie.

Die Mutter liebte —
Ihren Vater, Herr von Brandt.

v. Brandt.

O Gott! —

Welch' sonderbare Fügung! ich, der Sohn
Muß hier das Haus betreten, — um alte
Wunden wieder aufzureißen! ach —

(nach kurzer Pause gefaßt.)

Doch nicht Vergang'nes soll uns hier bekümmern,
Wo ernst genug die Zukunft uns erscheint!

Marie.

Sie haben recht! jetzt quält uns noch die Sorge,
Ob sich der Vater willig dem Befehle fügt?
Und gerne möcht' ich eine Bitte wagen!

v. Brandt.

Die zu erfüllen, mich beglücken wird.

Marie.

So bitt' ich Sie, daß wenn der Vater heftig droht,
Sie ruhig und gefaßt die Wuth, die ihn
Befällt, austoben lassen — es wird
Die Bitte, die den Vater anklagt schwer,
Doch hoffe ich, Sie werden mich versteh'n.

v. Brandt.

Verstehen, ja das ist nicht schwer für den,
Der in dem Spiegel Ihres klaren Aug's
Die Seele liest — daß ich es darf, daß Sie
Dem Fremden Ihr Vertrauen schenken, wird
Den Dienst erleichtern, der mich hergeführt.
Und darf ich Bitte gegen Bitte wagen?

Marie.

Ein Wagniß ist das nicht, doch bitten Sie
Nur so, daß ich gewähren kann!

v. Brandt.

Als ich
Am heut'gen Morgen Veilchen fand, da wußt'

Ich es bereits, daß die, die sie gepflückt,
Auch meinem Sein verwandt — ich nahm den Strauß
Den Sie vergaßen (er nimmt den Strauß aus dem Collet)
— als Willkomms Gruß
Im fremden Land — und jetzt die Bitte, darf
Ich ihn behalten?

Marie.

Herzlich gern, daß Sie
Die Blumen lieben, ihnen auch besond're
Deutung geben, das erfreuet mich!
Bei uns, da wissen nur die Herr'n von Jagd,
Von Hunden, Pferden sich zu unterhalten,
Ein zarter Sinn ist ihrer Rede fremd.

v. Brandt.

Darf ich dies Urtheil, Fräulein, mir so deuten,
Daß ich der Fremde, Ihnen nicht mehr fremd?

Marie.

Ich hab' es vielfach schon empfunden, daß
Das Urtheil eines Ander'n über Dinge,
Die man im Herzen tief gefühlt, und die
Man nicht in Worte kleiden konnte,
Sie blitzschnell so vor uns're Seele legt,
Als wenn wir selbst sie ausgesprochen hätten!
Und so begrüß' ich Sie, als längst bekannt!

v. Brandt.

Von Herzen danke ich für dieses Wort!

Es wird mir Sporn, mir Ihre Achtung zu
Verdienen, Fräulein!

(Man hört hinter der Scene Hörnerblasen.)

Marie.

Hört, der Vater naht — (sie reicht ihm die Hand.)
Sie denken des Versprechens, Herr von Brandt?

v. Brandt.

(drückt im Verneigen einen Kuß auf die dargereichte Hand.)

Ich denke sein auf immer!

(Marie wendet sich und geht schnellen Schrittes ab.)

Dreizehnter Auftritt.

v. Brandt.

(nach einer Pause, während er im Nachschauen versunken war.)

Welch' edler Geist begrüßet mich! Nach den
Geschichten, die uns dies Land als eine Barbarei
Geschildert, glaubt ich nicht, ein solch' Gefühl
Zu finden, wie es hier die Mutter und
Die Tochter gleich beseelt! Es ist ein Beispiel
Daß auf Erfahrung sich das Wissen gründet,
Und daß man prüfen muß, ob Wahrheit das,
Was überliefert wurde, ob es nicht
Verleumdung, Trug, ob's Dummheit nicht, die um
Die Wahrheit ihren Schleier hüllt, und das
Mit bunten Lampen künstlich uns erhellt,
Was man als schlecht und falsch verwerfen müßte?
Drum prüfe jeder, der ein Mann sich fühlt,

Die Sache selbst, nicht ihren Schein. Ich thu's!
Und finde ich, daß mir der Liebe Glück
In diesem Schloß erblüht, so werd' ich nicht
Mich sclavisch binden an ein Vorurtheil;
Ich folge dem, was mir mein Herz dictirt,
Und bin gewiß, daß es mich richtig führt!

(ab.)

(Der Vorhang fällt.)

Dritter Aufzug.

Zimmer des 1. Aufzugs im Schlosse zu Oletzko.
Die Morgensonne scheint durch das Fenster.

Erster Auftritt.

von Kalckstein und Frau v. Kalckstein sitzen am links stehenden Tisch, Marie steht zwischen den Eltern, die Hand auf des Vaters Schulter gelegt.

v. Kalckstein.

Mit Eurem „Bleibe heim“, „bleib hier“, „geh' nicht
Von dannen.“ „Sei zufrieden nur mit dem
Geschick, was Dir beschieden“, wollt Ihr trösten,
Doch kennt Ihr das Gesetz der Ehre nicht;
Ihr könnet's Euch nicht denken, wie's der Mann,
Der wirken will, im tiefsten Schmerz empfindet,
Daß ihm, gleich wie dem Aar im Zwinger,
Die Flügel sind gekürzt!

Frau von Kalckstein.

Es ändern sich

Die Zeiten, Ludwig! Als der Herzog Dir
Die Stellung nahm, hast Du Dich da gefragt,
Ob Du unschuldig warst?

v. Kalckstein.

Ob schuldig oder nicht,
Das ist ganz gleich, er durfte sie nicht nehmen.
Was gehen uns die Brandenburger an?
Wir waren hier auf unser'm Grund die Herr'n,
Eh' man von Brandenburg was wußte;
Wir hatten nur dem Polen schuldigen Tribut
Zu zahlen, ihm im Heer zu folgen, damit
Basta!

Marie.

Wie kam's, daß Brandenburg regiert?

v. Kalckstein.

Weil uns ein Schwächling, Johann Casimir,
Uneingedenk des uns verbrieften Rechts,
Dem Herzog übergab, als ob wir so
'Ne Heerde Schafe wär'n, die zu behandel'n im
Belieben liegt. Doch (auffahrend) soll der neue Hirt
Vorsichtig sein, daß nicht der Wolf ihn an
Der Kehle packt — ich gieße selbst die Kugel,
Die ihm das Herz so trifft, daß still es steht,
Sammt seinen stolzen Plänen!

Fr. v. Kalckstein (entsetzt).

Mord wär' das!

Marie (voll Hoheit).

O nimm's zurück, mein Vater, dieses Wort,

Das ewig uns, für immer trennen muß, —
Ich konnte mitempfinden Deinen Schmerz,
Den Kummer fühlen, der Dein Herz beschwert,
Daß Du von Deinem Amte schnell entsetzt,
Das Anseh'n meiden sollst, was schon seit der
Geburt die hohe Stellung Dir gegeben hat.
Ich hätte für Dich leiden können, Vater,
Und selbst mein Leben hätt' ich nicht geschont,
Wenn fremde Herrschsucht Dich zur Beute macht,
Doch da ich zweifeln muß, ob Du im Recht,
So flehe ich, verbanne doch die Wuth,
Die Dich beherrscht, und gieb mir Klarheit, was
Der Herzog will.

Fr. v. Kalckstein.

Bedenke, was Du thust, —
So viel schon habe ich um Dich gelitten —
Daß Du zum Mörder werden könntest, dacht'
Ich nicht.

v. Kalckstein.

Zum Mörder; nein, zum Mörder will
Ich ja nicht werden, (bei Seite) schwer drückt mich' schon ein Mord!
(laut) Ich will ja nur vertheid'gen, was mein Recht.

Marie.

Dein Recht, mein Vater? Prüf'st Du Dich auch,
Ob wirklich Recht, was Du begehrst? — o sag'
Uns doch, was hier der Herzog will?

v. Kalckstein (ganz kurz und abgerissen.)

Er will

Hier herrschen! Geld soll'n wir ihm geben, daß
Er leben kann in seiner armen Mark,
Die ausgezogen bis auf's Hemde ist, —
Der Stände und des Adels Macht will er
Begraben — will (ganz schroff) allein der Herr hier sein.

Fr. v. Kalckstein.

Dies Beispiel lehrte oft schon die Geschichte.
Und häufig brachte der Eroberer
Dem neuen Lande Glück.

Marie.

Befindet sich
Der Herzog denn im Unrecht?

v. Kalckstein (kurz).

Mir ist's einerlei!
Er immt mir meinen Rang und meinen Einfluß —
(schnell) Und deshalb hass' ich ihn!

Fr. v. Kalckstein.

O zwinge doch
Des Ehrgeiz's Trieb! Du kannst so ruhig, kannst
So glücklich leben. Sieh den Bruder an,
Der doch den gleichen Stolz, wie Du geerbt,
Sich vornehm weiß, wie nur ein Edelmann,
Und doch im Frieden sich dem neuen Herrn
Ergiebt.

Marie.

O, Vater, folge uns aus Liebe,
So ehrst Du, wenn Du wirklich bist im Recht,

Den alten Spruch, daß es viel besser ist,
Das Unrecht zu erleiden, als zu thun!

v. Kalckstein.

Nun was der Bruder thut, das könnt' ich auch,
(nach kurzem Besinnen) Und dennoch kann ich's nicht, ich kann den Rang
Als Amtshauptmann nicht opfern, ohne nicht —
Den Freunden zum Gespött' zu werden, denn,
Ein Kalckstein abgesetzt, das ist soviel,
Als wenn ich Dir Marie die Locken scheeren,
Als baarhaupt Bettelweib Dich auf die Straße
Verachtet, stoßen wollte. —

Marie (ruhig.)

Du thät'st Unrecht —
Es paßt nicht Dein Vergleich, weil ich Dich liebe;
Hast Du den Herzog je geliebt? o nein!
Und ich gehorche Dir — thust Du's dem Herzog? Nein!
So hast Du keinen Anspruch, daß er schont,
Was sich im Aufruhr ihm entgegenstellt,
Ich aber Vater hab' das Recht, was Dir
Gebricht, und bitte deshalb, änd're Deine Meinung!

v. Kalckstein.

Nun ja, ich geb' es zu, daß der Vergleich
Nicht paßt, und weil ich Dir, mein Kind, nicht Schmerz
Bereiten will, weil Eure Liebe ich
(Er reicht seiner Frau und Marie die Hand.)
Behalten will, so werd ich den Gesandten,

Doch ohne weiter mich zu binden, jetzt
Empfangen!

Fr. v. Kalckstein (sie umarmt ihn.)

Ludwig!

Marie (küßt ihm die Hand.)

Dafür dank' ich Dir!

v. Kalckstein.

Der Voigt vermelde ihm — daß ich im Saale
Ihn empfangen werde — es soll die Dienerschaft
Zugegen sein — Ich will im Prunk erscheinen!

Fr. v. Kalckstein.

Hab' Dank! o möchte Dein Entschluß der Anfang sein
Vom guten Ende!

v. Kalckstein.

Schmücket Euch und legt
Die kostbarsten Demanten an, es spiegelt sich
Darin ein Stück Geschichte ab, die Jenen fremd.
Ich sie will blenden — seid nur bald bereit!

Fr. v. Kalckstein (im Abgehen zu Marie).

Unglücklich ist, wer nur dem Schein und nicht
Der Wahrheit lebt!

Marie.

O laß uns hoffen, daß
Die Wahrheit siegt! (Beide ab.)

v. Kalckstein (allein).

Ich gab' den Frauen nach! —
Dem Wortgefechte bin ich nicht gewachsen.

Auch seh' ich keinen Grund, weshalb ich mir
Des Hauses Frieden stören soll. Ich kann
Ja hören, was der Herzog will — Indeß
Kommt Schlieben mit der Botschaft her! Sie können
Die Zeit sich hier vertreiben, wie 's gefällt,
Hier märkische Gesetze anprobiren,
Mir ist es einerlei! Ich geh' nach Polen!
Und Alle hier, mag sich der Teufel holen!
(links ab.)

Verwandlung.

Ahnensaal wie im zweiten Aufzug.

Zweiter Auftritt.

von Brandt (in großer Uniform tritt ein).
So naht er mir der Augenblick, den mehr
Ich fürchte, als den Schlachtenruf — hier gilt
Es nur mit Worten fein zu kämpfen,
Angriffe mit der Zunge zu parir'n,
Die man nicht kennt und deren Ahnung uns
Das Herz mit Blei beschwert. Da lob' ich's mir
Dem Feind in off'ner Schlacht mit gleicher Waffe zu
Begegnen, Brust an Brust mit ihm die eig'ne Kraft
Zu messen. Hier komme ich mir wie ein Schulbub' vor,
Der vor'm Examen steht und noch nicht weiß,
Wie der Magister seine Fragen stellt —
Ob er bestehen wird, ob fallen!

Da draußen auf dem Feld, da ist es Anders,
Da halte ich mein Schwert in fester Hand,
Und schaue der Gefahr keck in das Auge.
Ich weiß, dort ist mein Leben nur der Einsatz
Mit dem ich, sterbend, meine Treu' besieg'le!
Hier aber ist es nicht das Leben nur,
Das ich zum Opfer bringe meinem Herrn,
Vielmehr ist's das, was uns das Leben schmückt,
Der Rang, die Ehre, Anseh'n, Würde —
Oh'n die zu leben ja kein Leben ist,
Für den Soldaten. — Hierbei schweige ich
Von dem, was mir allein als höchster Preis
Des Daseins gilt — ich schweige von der Liebe,
Die mir mit sanfter Hand das Ideal
Gezeigt, nach dem ich strebte, in des Mannes Tochter
Dem ich als Feind mich nah'. Wie leicht kann nur
Ein Wort von ihrem Vater, nur ein Blick
Mich in die Lage bringen, wo die Ehr'
Des Mann's mit seiner Liebe kämpft, wo er
Sich plötzlich einem Abgrund gegenüber sieht,
In dem er selbst am liebsten möcht zerschellen,
Um seine Ehre nicht, nicht seine Lieb'
Zu tödten.

Dritter Auftritt.

Marie (im Festgewande) tritt ein. v. Brandt.

Marie.

Stör' ich Sie Herr Oberst?
Ich wollte —

v. Brandt.

Niemals stören Sie! Als Licht
Begrüß' ich Sie in meinem rauhen Dienst,
Das mir den Pfad erhellt, den ich jetzt wand're,
Und glücklich preise ich den Augenblick, der mir
Vergönnt das Abschiedswort von Ihnen zu
Vernehmen, der zum letzten Male mir
Den Seelenglanz in Ihrem Auge zeigt!

Marie.

Zum letzten Male?

v. Brandt.

Ja! denn unterwirft
Ihr Vater sich des Kurfürsten Gebot,
So geb ich ihm sein altes Amt zurück,
Und meine Ordre ist hier ausgeführt.

Marie.

Sie eilen dann der Heimath froh entgegen,
Sie ruft die Ehre, Ihnen winkt das Glück,
Wir bleiben hier in banger Furcht allein
Und werden Ihre Theilnahm' sehr entbehr'n!

v. Brandt.

Ich freu' mich dieses Wort's, mein theures Fräulein,
Es nährt die Hoffnung, daß sich das erfüllt,
Was ich von Herzen wünsch'. „Sie werden mich
Entbehren", dies Geständniß macht mich glücklich,
Denn darf ich's mir nach meinem Sinne deuten,
So sag' ich: „Ja, Marie, sie liebt Dich, wie
Du sie!"

Marie (betroffen).

Herr Oberst!

v. Brandt (glühend).

Laß das kalte Wort!
Sei Du die Meine, wie ich Dein längst bin, —
Was brauchen wir der Formen noch und Schranken,
Sie können uns're Liebe nicht ersticken,
Für die ein Wort, ein Blick, ein gleich' Empfinden
Die Zauberruthe ist, die mit Geheimniß-
Voller Macht, das eine Herz dem ander'n öffnet!

Marie.

Und doch die Seele auch?

v. Brandt (sie umarmend).

Ja, Herzensmädchen, und
Die Seele auch, — wär' seelig sonst der Liebe
Süß Empfinden? Das Herz gehört der Welt,
Die Seel' dem Himmel, darum vereint
Die wahre Liebe sich für hier und dort!

Marie.

Du einz'ger Mann, so bin ich ganz die Deine!
Es taucht der Kummer, der uns noch bedrückt,
Und alle Sorge, die uns noch bedroht,
Sie tauchen unter in der Liebe Meer.

v. Brandt.

Gewiß Marie, — nicht zagen darf, wer auf
Den Himmel hofft; reich mir die Hand, ich bin
Auf immer Dein!

Marie.

Die Deine ich! (sie küssen sich.)

Man hört von unten das Sammelsignal. und wenn
Die Trennung naht, sind wir im Geist verbunden!

v. Brandt.

Wir sind's! und naht uns schwere, ernste Zeit
So denke, daß die Liebe, die, eh' wir's
Geahnt, uns ungesucht, beglückt, auch schnell
Das kranke Herz genesen läßt!

Marie.

So scheid'
Ich hoffnungsvoll! leb' wohl, mein lieber Freund,
Gedenke mein, Du einzig theu'rer Mann!

v. Brandt.

Leb' wohl, Marie, ich denke Dein auf immer!
Es schütz' Dich Gott und unser Wiederseh'n!

(Nach nochmaliger Umarmung, Marie ab — kurze Pause, während v. Brandt im Nachschauen versunken bleibt.)

Vierter Auftritt.

Graf v. Dohna (in Parade-Uniform) v. Brandt.

Graf v. Dohna.

Ich melde mich zur Stelle!

v. Brandt.

Gut! Sind schon
Die Truppen fertig?

Graf v. Dohna (militairisch).

Zu Befehl, so eben
Marschirten sie in's Schloß!

v. Brandt.

Absitzen laßt!
Und gebet zwanzig Mann die Ordre, hier
Herein zu treten.

v. Dohna.

Zu Befehl, Herr Oberst! (kehrt militairisch und geht, kommt aber bald zurück.)

v. Brandt (nach einer Pause, in der man von Unten Commando-Rufe gehört).

Es sollen die Dragoner Herrn von Kalckstein
'Ne Mahnung sein, daß wir nicht Spaß versteh'n
In ernsten Dingen — und etwas muß
Von uns'rer Macht entfaltet werden,
(Dohna tritt ein.) Da Kalckstein, wie ich höre, sein Gesinde
Im Festesstaat hierher entbot!

v. Dohna.

Ja wohl!
Von allen Seiten eilen sie zusammen!

v. Brandt.

Hat er den Schwur geleistet, so begebt Euch zu
Den Truppen schnell hinunter, führt sie mit
Trompetenklang, die Straße links, am kleinen See
Vorbei, den Weg nach Königsberg! Ich folge!
Wir haben hier zwar keine Schlacht geschlagen,
Doch einen Sieg errungen, der nicht minder
Das Anseh'n fördert, uns'res kurfürstlichen Herrn!

v. Dohna.

'N Sieg?

v. Brandt.

Wir siegten über Eigendünkel,
Der sich herausnimmt klüger sein zu wollen,
Als die Gesetze, die der Herrscher giebt, —
Und das ist nicht zu dulden in'm Staat,
Der sich nicht aufbaut für die Gegenwart,
Nein, der mit weiser Hand geführt --
Die Wiege sein wird für den Ruhm zukünftiger
Geschlechter!

Fünfter Auftritt.

(Die Flügelthüren werden geöffnet, das Gesinde im Feststaat tritt ein, die Männer vom **Voigt** geführt, bleiben an der hinteren Wand stehen; die Frauen von **Wanda** geleitet, nehmen an der Fensterseite Stellung; ihnen folgen ein Fähnrich mit zwanzig Dragoner, die die rechte Seite des Theaters einnehmen. — Der Fähnrich will melden, doch **v. Brandt** weist ihm mit der Hand seinen Platz an. Hierauf treten **v. Kalckstein** in Polnischer Oberst-Uniform, seine **Gemahlin** und **Marie** im Festkleide ein.) **v. Brandt** und **v. Kalckstein** sehen sich unverwandt an, ein Jeder erwartet zuerst die Anrede des Anderen; die Frauen drücken sich im stummen Spiel ihre Besorgniß aus — endlich

v. Brandt.

Herr Oberst, da Ihr nicht zuerst den Gruß,
Den ich erwarten durfte, ausspresht,
So höret den Befehl, den mir, mein Herr,
Der Kurfürst übertrug!

v. Kalckstein.

Ich werd' ihn hören;

Doch nicht für angemessen halt ich es,
Daß wir in Formen hier uns unterhalten,
Die nicht für mich erfreulich sind!

v. Brandt.

Die Sprach'
Ist deutlich! dann zur Sache, Herr von Kalckstein!
Sie haben das Vertrauen, das mein Fürst,
Wie alle Zollernherrscher einem Jeden
Seines Volks entgegenbringt, auf eine
Schnöde Weise —

v. Kalckstein (stampft mit dem Fuße).

Schnöde Weise —

Frau v. Kalckstein.

Gott!

Marie.

Sei ruhig Vater! ich beschwöre Dich!

v. Brandt (sehr streng)

Sie lieben nicht die Form, so hören Sie,
Und nöth'gen Sie mich nicht 'ne Form zu wählen,
Die Ihnen weniger behagen möchte,
Als die, in der ich jetzt zu Ihnen rede.
Sie haben das Vertrauen uns'res Herrn
Auf schnöde Weise ausgebeutet, nur
Zu Ihrem eig'nen Nutzen es gebraucht;
An Statt ein güt'ger Herr auf Ihrem Erb'
Zu sein, verletzten Sie das Recht des Volks
Durch Tyrannei!

(Es geht ein beifälliges Gemurmel durch das Gesinde.)

v. Kalckstein (mit drohender Handbewegung).
Verdammte Bestien!

v. Brandt.
Sie wählten selbst sich Ihre Zeugen, Herr,
D'rum ford're ich nicht für mich, nein in des Fürsten,
Meines Herren Namen, daß sie vor ihm
Die Achtung nicht verletzen, schweigend das,
Was er befiehlt, anhören. Sie haben durch
Verschied'ne Frevelthat, all' die Gesetze,
Die er im milden Sinn erließ, verletzt
Auf's Aeußerste. — Da nun ein Jeder ist
Bei uns vor dem Gesetz und seiner Strafe gleich,
So straft er Sie!

v. Kalckstein.
Das habe ich gefühlt,
Wie einen Geißelhieb und wüthend tobt
Das Blut, daß ich ohnmächtig bin.

Marie (zum Vater).
Gedenke doch
Des uns gegeb'nen Worts!

v. Brandt.
Doch kann der Fürst
Die Strafe auch erlassen und er will's,
Wenn Ihr Euch reuig ihm als Diener zeigt!

v. Kalckstein (heiser vor Wuth).
Was will er und was soll ich thun?

v. Brandt.
Ihr sollt ihm schwören einen Eid, daß Ihr

Den Hohenzollern unterthan, treu und
Gehorsam wollet sein, daß Ihr Euch nicht
Mit Polen wollt verbünden! die Bewohner
Von Oletzko behandeln wollt nur nach
Des Land's Gesetzen.

v. Kalckstein.

Ha, sehr lustig! Soll
Der Schatten werden von dem Licht, das Ihr
Der Sonne gleich auf meine Bauern werft,
Daß ich, wie sie, mir meine Kühe melke,
Und mit den Knechten fresse aus dem gleichen Napf.
(zu den Knechten) Das freut Euch wohl Ihr Hunde? He?

(Gemurmel geht durch das Gesinde).

v. Brandt.

Wenn Ihr
Die Förmlichkeit nicht wollt, so wahre ich
Die Form, Herr Oberst, frage nochmals:
Wollt Ihr den Eid mir schwören?

v. Kalckstein.

Zum Henker, ja, ich schwöre Euren Eid!

v. Brandt (zu Dohna).

So bitt' ich Sie, Herr Graf, verlesen Sie
Die Formel, welche Sie, Herr Oberst, nach
Zu sprechen haben.

(er giebt von Dohna ein Schriftstück, das dieser entrollt).

v. Dohna (lesend).

Ich Christian Ludwig, Oberst Kalckstein

v. Kalckstein.

(wiederholt den Satz wie alle folgenden der Eidesformel mit erhobenen Schwurfingern).

v. Dohna.

Ich schwöre Gott den wahrhaftigen Eid.

v. Kalckstein (ebenso).

v. Dohna.

Dem Kurfürst Brandenburgs, Preußen's Herzog,
Herrn Friedrich Wilhelm zu gehorchen!

v. Kalckstein (ebenso, zögernd)

v. Dohna.

Getreu zu folgen dem Gesetz des Land's,

v. Kalckstein (sehr schnell, ebenso).

v. Dohna.

Mit Polen nicht mich zu verbünden,
Zu meines Fürsten Nachtheil und Verlust

v. Kalckstein (ebenso sehr langsam).

v. Dohna.

So wahr mir Gott zur Seeligkeit verhelfe!

v. Kalckstein (ebenso).

Frau v. Kalckstein und Marie umgeben v. Kalckstein — v. Brandt spricht mit v. Dohna — Bewegung in dem Gesinde — Während dessen:

Wanda (halblaut zum Voigt).

Der Kalckstein hat sein Wort gegeben,
Um zu erhalten sich das Leben!

Voigt (halblaut).

Hat Glauben er und Treu' versprochen,
Doch beide hat er bald gebrochen
In dem Walde Romowe!

Nach kurzer Pause **v. Brandt.**

Nach Eurem Eidschwur Oberst Kalckstein setz'
Ich Euch, im Namen uns'res kurfürstlichen Herrn,
In Eure alten Rechte wieder ein.

v. Kalckstein reicht seiner Frau die Hand und sieht sich gebieterisch nach der Dienerschaft um — Pause.

Und scheide mit dem Wunsch, daß Ihr es noch
Erfahrt, daß es sich friedlich unter'm Scepter
Der Zollern lebt, wenn jeder seine Pflicht
Zu thun versteht. Rittmeister Dohna (winkt mit der Hand)
fort!

Graf von Dohna salutirt von Brandt, verneigt sich gegen die von Kalckstein'sche Familie und verläßt mit den Soldaten den Saal.

v. Kalckstein.

Darf ich Herr Oberst Euch zu Gast jetzt bitten?

v. Brandt.

Ich freue mich der Ehre, die Ihr mir
Erzeigen wollt, doch danke ich, da mir
Die Pflicht gebeut den Truppen schnell zu folgen.

Frau von Kalckstein.

So danken wir Herr Oberst für die Milde,
Die Sie hier walten ließen und die auch
Die Truppen ausgezeichnet!

v. Brandt.

Danks bedarf
Es nicht! auch darin nur befolgten wir
Des Herrn Gebot und Rücksicht nehmen wurde uns
In Ihrem Hause leicht gemacht!

v. Kalckstein.

Ich wünsche Glück
Zur Reise!

Frau v. Kalckstein.

Gleicher Wunsch begleitet Sie von mir.

von Kalckstein reicht seiner Gemahlin den Arm, verneigt sich gegen v. Brandt der den Gruß erwidert, winkt dem Gesinde ihnen zu folgen und verläßt in langsamen Schritten die Bühne; das Gesinde folgt, zuerst die Frauen, dann die Männer. Marie, die während der letzten Unterredung hinter den Eltern gestanden, bleibt ruhig, in sich versunken stehen — v. Brandt betrachtet sie unverwandt; als die letzten Diener das Theater verlassen, eilt sie auf von Brandt zu, reicht ihm die Hände.

Marie.

Geliebter, lebe wohl!

v. Brandt (zieht sie an sich.)

Leb wohl, Marie!
Ich danke Gott, daß friedlich Alles endet!

Marie.

Ich danke Dir! Du hast die erste Bitte,
Die ich an Dich zu richten wagte, so
Erfüllt, daß ich, wenn auch im Auge Thränen,
Die Zukunft freudig doch begrüßen kann!
Und trennt uns jetzt auch lange schwere Zeit,
So bin ich doch getrost in dem Bewußtsein,
Daß wir uns wiederfinden!

v. Brandt.

Ja, Marie!
Wir seh'n uns wieder, und dann lacht das Glück,
Die Thränen sind versiegt und friedreich wird
Die Zukunft sich gestalten.

Marie.

Theurer Mann!

(sie küßt ihn.) Hier hast Du meinen Dank für diesen Trost!

(Stürmische Umarmung.)

(Die Trompeten ertönen von unten in einem Marsch.)

Leb' wohl! (sie eilt ab.)

v. Brandt (die Arme ihr nachbreitend).

Mit Dir sei Gott Marie!

(während der folgenden Rede hört man den Marsch der abziehenden Truppen immer leiser verklingen.)

Das Abschiednehmen ist ein hartes Muß,
Das Keinem wird erspart. Es scheidet von
Der Kindheit unbewußt der Knabe, wenn er
Als Jüngling in das Leben tritt, begleitet ihn
Die Hoffnung, als freundliche Gefährtin,
Bis er zum Mann gereift; so lange schaut
Er Alles noch im hellsten Licht. Und nimmt
Er Abschied einst vom Mannesalter, sucht
Er Trost für manch' verlor'nes Glück, nach dem
Er in der Jugend rastlos strebte,
In äuß'ren Ehren; naht endlich sich
Die letzte Stunde ihm, so sendet noch
Sein brechend Aug' in's Jenseits einen Strahl
Der Hoffnung hin. — Wie ander's ist es von
Der Liebe scheiden, — die uns das eigne Ich
Im Spiegel zeigt durch gleiches Mitempfinden.
Wie glücklich der, dem solch' ein Herz beschieden,
Das all' die Freuden, die das Leben bringt,
Das all' den Kummer, den es Keinem spart,
Und selbst den Trost, daß uns der Himmel einst

Den Lohn verheißt nach schmerzlichem Entsagen,
Mitfühlend mit ihm theilt. Wie glücklich erst
Ist der, der es besitzen darf? —
Dem keine Scheidestunde Thränen bringt, —
Mir ist's noch nicht beschieden, — ich muß eilen —
Es rufen mahnend die Trompeten mich! —
Ich darf nur wünschen, hoffen, beten —
Daß mir die Liebe, die ich hier gefunden,
Daß Du, Marie, Du Theil von meinem Sein,
Auf immer mir erhalten bleiben mögest!
Was dann auch kommt, ich harre ruhig aus,
Weil Nichts mir kann das schöne Wissen rauben,
Daß wir vereint, in seel'gen Stunden
Des Lebens Lust und seinen Schmerz empfunden!
(ab.)

Sechster Auftritt.

von Kalckstein tritt nach kurzer Pause ein.

Nun sind sie fort — doch haben sie den Eid,
Er ist der Strick, der meinen Willen fesselt!
Wer hätte das von einem Kalckstein je
Gedacht — die Weiber haben mich so weit
Gebracht. Auf eignem Boden komm' ich fremd
Mir vor! es fehlt nur noch, daß mir der Gnäd'ge
In Brandenburg dictirt, wie ich die Felder mir
Bedüngen, meine Ochsen mästen soll. —
Doch wird hier noch gespielt, getrunken und
Gehetzt, so werden mich die Freunde auch
Nicht meiden, — ich kann es ja versuchen,

Ob sich die Kasse füllt, wenn ich
Des Bruders Beispiel folge — weiß's der Kukuk.
Das Leben kostet Geld am Hofe Casimirs,
Doch ändern sich die Zeiten einmal wieder,
So kann man auch 'ne Rolle spielen!
Jetzt schnell auf's Pferd, ich muß mal seh'n ob schon
Verdaut die neue Herrschaft wurde!

Siebenter Auftritt.

Voigt tritt ein. von Kalckstein.

Voigt..

Verzeihung, gnäd'ger Herr! Ein Reiter jagt
Im vollen Lauf auf unser'n Hof! soll ich
Ihn melden?

v. Kalckstein.

Muß er sprechen mich, so führ' ihn ein,
Doch darf's kein Brandenburger sein, ich hab'
Genug von dieser Art!

(ab.)

Voigt (ihm folgend.)

Zur Einsicht ist
Er leider nicht gekommen!

Achter Auftritt.

Nach kurzer Pause tritt von Kreytzen ein.

von Kreytzen.

Das war ein Ritt!
Ich stürmte so, als wenn der Teufel auf

Der Fers' mir wär! ja, Kalckstein wird gewiß
Die Ohren spitzen, komme ich, statt Schlieben!
Das Feuer weiß ich besser anzuschür'n,
Das in ihm leicht entflammt und leicht verglimmt;
Ich werde blasen, daß die Flamme zischt!

Neunter Auftritt.

von Kalckstein, später der Voigt treten ein. v. Kreytzen.

v. Kalckstein.

Ihr Kreytzen seid's! an Euch hätt' ich im Traume nicht
Gedacht, wo bleibt denn Schlieben?

v. Kreytzen.

Stürzte!
Beim Kneiphof wollt er g'rad vorüber reiten!
Weil nun die Sache keinen Aufschub duldet,
So sandte Rhode mich!

v. Kalckstein.

Das hätte er
Auch lassen können! aufgeschoben ist
Die Sache überhaupt.

v. Kreytzen.

Wie soll ich das
Versteh'n? Ihr wolltet doch nach Warschau?

v. Kalckstein.

Ich wollte — wollte wohl! — jetzt ist es aber anders,
Und würd' es lieb mir sein, wenn Ihr nicht weiter fragt.

v. Kreytzen.

Ich bitt' um deutliche Erklärung, was
Ihr meint; denn ich versteh' Euch nicht!

v. Kalckstein.

Ihr thut, als wäret Ihr zum Meister mir
Gesetzt — was wollt Ihr denn von mir?

v. Kreytzen.

Laßt nur
Das schroffe Wesen, damit kommt Ihr bei mir
Nicht durch! Die Frauen haben Euch beim Schopf
Gepackt, mit Thränen Euch gerührt, und so
Vergaßet Ihr den Schwur in Königsberg!

v. Kalckstein.

Das wär' die Pest!

v. Kreytzen.

Ihr täuscht mich nicht, wenn Ihr
Auch flucht! Gebt mir zu trinken erst. Es hat
Der weite Ritt die Kehle mir getrocknet,
Beim Wein, da öff'nen sich die Herzen schnell!

v. Kalckstein (schellt.)

Verzeiht, daß ich die Pflicht des Hausherrn nicht
Erfüllt, Ihr kommt mir so urplötzlich —

Voigt (erscheint an der Thür).

v. Kalckstein.

Wein!

Voigt (ab.)

v. Kalckstein.

Nun, Kreytzen nehmet Platz', macht's Euch bequem.

von Kalckstein holt Kreytzen einen Stuhl, der inzwischen sein Schwert abschnallt, holt sich selbst einen Stuhl und setzt sich mit Kreytzen in der Mitte der Bühne. Der Voigt tritt ein, stellt einen kleinen Tisch zwischen Beide und credenzt Wein.

v. Kalckstein (mit Kreytzen anstoßend).

Seid mir willkommen, lieber Kreytzen!

v. Kreytzen.

Ich danke Euch, — vortrefflicher Tokayer!
So herrlich wie der Wein, den man in Warschau trinkt!

v. Kalckstein.

Das will ich meinen, ein Geschenk des Königs!

v. Kreytzen.

Von Cas'mir selbst?

v. Kalckstein.

Ein Zeichen seiner Huld!

v. Kreytzen.

Bald trinkt Ihr wieder an der Quelle ihn!
Wenn auch credenzt von einem ander'n Herrn!

v. Kalckstein.

Von einem Ander'n? Was soll das bedeuten?

v. Kreytzen.

Zu Gunsten Koributs hat Cas'mir abgedankt.

v. Kalckstein.

Zu Michals Gunsten! ei du alter Jagdcumpan.
Da sieht man doch, daß man in Warschau kann
Carriere machen.

v. Kreytzen.

Ihr könnt's auch, führt nur
Den Auftrag aus.

v. Kalckstein (stampft mit dem Fuß und macht eine abwehrende Bewegung).

Ich kann es aber nicht!

v. Kreytzen.

Hört mich doch erst! Wir setzten unter Rhode's
Vorsitz ein Petitum auf an Koribut,
Er soll die Souverainität, die Cas'mir ihm
Verlieh, dem Herzog streitig machen, nöth'gen Falls
Zur Hülfe Truppen senden?

v. Kalckstein.

Wer hat unterschrieben?

v. Kreytzen.

Mit Eurem Vater, Rhode an der Spitze,
Beinah der ganze Adel; auch sehr viel
Der Städte sind dabei vertreten. Jetzt
Sollt Ihr noch unterschreiben. (er holt ein Schriftstück aus dem Collet.)

v. Kalckstein.

Nicht möglich!

v. Kreytzen.

Nicht möglich? — Spaß! — Ihr sollt mit mir die Schrift
Gemeinsam überbringen und Ihr wolltet
Jetzt Euren Namen nicht daruntersetzen!

v. Kalckstein.

Kann Beides nicht — und dürft's nicht, wenn ich könnte.

v. Kreytzen.

Ein Kalckstein soll nicht, dürfen? lieber Freund
Macht das 'nem Andern weiß!

v. Kalckstein.

Zum Teufel nein,
Ich darf es nicht! (bei Seite.) Verdammter Schwur!

v. Kreytzen.

(steht auf, nimmt den Pokal und stellt sich neben v. Kalckstein, den Arm auf seine Schultern stützend.)

Die Weiber haben Euch verdreht gemacht,
In Königsberg wart' Ihr doch and'rer Meinung,
Und werdet wieder and'rer Meinung werden!
Seht hier der edlen Traube Gold — auch sie
Bedurfte Läuterung wie Gährung, eh'
Sie wurde, was wir vor uns seh'n.

v. Kalckstein.

Laßt mich!
Mein Blut hat schon die Gährung durchgemacht —
Der große Küfer, der, aus Brandenburg —
Er weiß die Fässer prächtig zu verböttchern,
Hat mir 'nen Eisenreifen umgelegt,
Den keine Gährung mehr zersprengen kann.

v. Kreytzen.

Ihr macht mich staunen — sprecht Euch offen aus!

v. Kalckstein.

Nun gut, Ihr wißt, — ich wurd' als Amtshauptmann
Entsetzt — ich eilte auf die Kunde her,
Und fand, wenn der Vergleich einmal soll gelten,

'Ne ganze Böttcherinnung vor. Den Boden
Hatten sie aus meiner Macht geschlagen,
Und wenn der edle Stoff nicht ganz verfließen,
In Nichts zerrinnen sollte, mußt' ich mich
In ihre Hände geben und ich that's! —
Nun haben sie mir einen Schwur als Reif
Um's Herz gelegt, den ich die Macht nicht habe
Zu Zersprengen.

v. Kreytzen.

Das wäre! lieber Kalckstein,
Ihr schwort dem Fürsten Brandenburgs, doch nicht
Dem Preußen Herzog, welchen wir nicht anerkannt!

v. Kalckstein.

Ich schwor, das ist genug! denn Eid ist Eid!

v. Kreytzen.

Nehmt Ihr die Sache so, so durftet Ihr
Nicht schwör'n. Ihr gabt uns Euer Wort, daß Ihr
Nach Warschau geht, um uns zu uns'rem Recht
Dort zu verhelfen! Schwanken dürft Ihr nicht!
Die Freunde würden Euch aus ihren Reih'n
Verstoßen, fluchen würde Euch der Vater,
Wenn Ihr das Wort als Edelmann nicht löst.

v. Kalckstein.

Verdammte Uebereilung, sei verflucht!
Wo ist der Ausweg?

v. Kreytzen.

Dort, wo Euer Vaterland
Gebietet, Tausende die Hoffnung auf

Euch setzen; wird sie nicht erfüllt, wird's ihr
Verderben!

v. Kalckstein (apathisch).

Ihr Verderben!?

v. Kreytzen.

Glaubt mir nur,
Daß Brandenburg die Augen offen hat,
Daß unser Thun ihm nicht verborgen blieb,
Und daß der Herr der Mark nicht zögern wird,
Wenn er das Schwert uns in den Busen stoßen,
Wenn er die Stände ganz vernichten kann!

v. Kalckstein.

Das träfe ja auch meinen Vater!

v. Kreytzen.

Ja,
Den Vater, Schlieben, all' die and'ren Freunde,
Und Eile ist vor Allem noth! — Noch diese Nacht —

v. Kalckstein.

Noch diese Nacht! die erste nach dem Schwur?

v. Kreytzen.

Wollt Ihr den Vater auf dem Richtplatz seh'n?

v. Kalckstein.

Elisabeth, verzeih' mir, wenn ich folge. —
O nein, ich thu' es nicht, kann nicht die Frau,
Kann nicht die Tochter hier dem Feind zur Beute lassen.

v. Kreytzen.

Ihr taugtet nie zum Schwärmer! wozu schwärmt

Ihr jetzt? ich hab' 'ne Freude auch für Euch
Im Hinterhalt.

v. Kalckstein.

Mich kann Nichts mehr erfreu'n!
Verfluchte Qual!

v. Kreytzen.

Ein Brief für Euch von Gräfin
Dzi— (zieht ihn hervor.)

v. Kalckstein (schnell.)

Halt, keinen Namen!

(entreißt ihm den Brief und durchfliegt ihn.)

Kathinka Du, auch Du mahnst mich des Schwurs,
Den ich in Jugendthorheit gab, niemals
Von Polen mich zu trennen — (verzweifelnd) so ist das Spiel
Verloren — die meisten Augen gelten,
Und Deine waren einst mir Hunderttausend werth;
Ich komme Kreytzen — macht was Ihr wollt!

(Er sinkt ohnmächtig zusammen.)

v. Kreytzen (erhebt das Glas).

Vivat Polonia! Die Nacht um zwölf!

Der Vorhang fällt schnell.

Vierter Aufzug.

Warschau. Saal des polnischen Reichstages. Im Hintergrunde der Mittelwand ein Portal, das durch eine Gardine geschlossen ist. Links erhöht steht der verhüllte Thron, — davor eine Estrade, auf der Sobiesky sitzt, zu dieser führen Stufen hinan — im Saale sitzen die Geistlichkeit, die Senatoren und Landboten, unter ihnen in vorderster Reihe v. Kalckstein. Zwischen den Abgeordneten und der Estrade steht Eusebius von Brandt, hinter ihm Hauptmann von Montgommery. Der Kronreferendar v. Krasinksy sitzt am Fuße der Estrade an einem Tisch. Beim Aufgang des Vorhanges hört man ein Durcheinander von Stimmen.

Erster Auftritt.

v. Sobiesky, v. Brandt, v. Kalckstein, v. Montgommery, v. Krasinsky. Reichstagsmitglieder.

Stimmen:

Hoch, Kalckstein, hoch!

Anderer.

Er wird nicht ausgeliefert!

Anderer.

Es ist 'ne Schmach, die man uns Polen bietet.

v. Sobiesky (einen Brief in der Hand).

Beruhigt Euch, Ihr Herr'n! Wir sitzen hier
Als Richter über Recht und Unrecht, und
Niemals werden wir zu Letzt'rem uns versteh'n!
Doch dürfen wir der Billigkeit uns nicht
Verschließen, müssen hören, was uns der Herr
Gesandte zu berichten hat, in dieser Schrift!
Der Kronreferendar Krasinsky lese sie!

v. Brandt.

Die Schrift Herr General ist nur für Seine Majestät
Bestimmt.

v. Sobiesky.

Das mag in Eurem Lande üblich sein,
Hier ist es nicht. Bei uns hat Volk und König
'Ne gleiche Stimme — Jedem hier von uns
Ist's frei gestellt, wenn ein Beschluß
Nicht seinen Beifall hat, ihn umzustoßen.
Ich sage einfach, es gefällt mir nicht!

Eine Stimme.

Der Kalckstein ist ein Pole!

Eine Andere.

Er ist Unser!

Eine Andere.

Verleset doch die Schrift!

Eine Andere.

Wir woll'n sie hören.

v. Sobiesky.

Hier ist die Schrift; Krasinsky les't sie vor!

v. Krasinsky

(besteigt die Estrade, empfängt die Schrift, öffnet das Couvert und entfaltet das Schriftstück, lesend:)

Von Euer Königlichen Majestät
Erbitten wir die Auslief'rung des Herrn
Von Kalckstein, Amtshauptmann und Oberst,
Der angeklagt als Hochverräther —.

(Ein Gemurmel geht durch die Versammlung.)

v. Kalckstein (springt auf die Stufen).

Was?
Ich Hochverräther? (er entreißt Krasinsky die Schrift) habt Ihr jemals solche Schmach
Gehört? Hat jemals einer es gewagt,
Den Polenadel so zu schänden, wie es
Der Fürst da thut!? Ich habe Alles für
Euch hingeopfert, gab den Ruhm, das Anseh'n,
Wie meine Ehre selbst zum Preis, damit
Das alte Polen uns im alten Glanze neu
Ersteh'! Und er, der uns von Eurem Herzen los
Gerissen, wagt's, mich als Verbrecher hinzustell'n,
Wobei er nicht bedenkt, daß er damit
Nicht mich, nicht Euch, daß er den König schmäht;
Der mir das beste seiner Regimenter
Zur Führung anvertraut — pfui, über solche Schmach!

(er zerreißt die Schrift).

Hier ist die Antwort. Bringt sie Eurem Herrn!

Stimmen.

Hurrah, es lebe Kalckstein! hoch! er lebe!

(Viele umringen v. Kalckstein, um ihm zu danken, — die Aufregung dauert fort — Sobiesky spricht mit Krasinsky).

Montgommery (tritt zu Brandt heran).

Befehlt nur über mich und die Dragoner!

v. Brandt.

Noch nicht! wenn das so weiter geht, so werd'
Ich Eure Hülfe schon gebrauchen!

(Montgommery tritt zurück).

Marschall verstattet mir das Wort, ich protestir'!

v. Kalckstein.

Ha, ha, was wollt Ihr mit Protesten? ha,
Wir reißen sie, wie dies Papier, in Fetzen!
Nehmt sie als Warnung Eurem Herzog mit!
Er möge nicht sein Land, wie diese Schrift
In kleine Stücke sich zerreißen lassen!
Das ist mein Rath, den ich in Großmuth gebe.

v. Brandt.

Ich spreche nicht mit Euch! Im Namen der
Gerechtigkeit, die Sie, Herr Marschall, hier
Vertreten, frage ich, ob Sie Genugthuung
Verschaffen werden meinem Herrn, für die
Beleidigung, die ich an seiner Statt
Erfahren mußte?

v. Sobiesky.

Ich bedau're, daß
Die Heftigkeit des Herrn von Kalckstein es
Vereitelt hat, den Inhalt Eures Brief's
Hier zu verlesen; ist es aber richtig,
Daß er des Obersten Auslieferung

Bezweckt, weil er des Hochverraths verklagt,
So haben wir mit seinem Inhalt Nichts
Zu thun!

Stimmen.

Das hört' Gesandter, Nicht's zu thu'n.

v. Brandt.

Erkennt Ihr auch den Hochverrath nicht an —
So wird, das hoffe ich, der Fälscher hier
Doch keine Zuflucht finden!

Stimmen.

Fälscher! hört!

Andere Stimmen.

Gebt uns Beweise!

v. Kalckstein (wüthend).

Wer wagt's der Fälschung mich zu zeih'n?

v. Brandt.

Ich wag's!

Die Namensunterschrift der Petition,
Die Ihr im Auftrag von den preuß'schen Ständen
Hier überreichtet, ist gefälscht!

(Gemurmel geht durch die Menge.)

v. Kalckstein.

Verflucht!

v. Sobiesky.

Wenn dem so wäre, Herr von Brandt, woran
Zu zweifeln Ihr mir noch gestatten wollt,
So würd es nicht vor unser'n Spruch gehör'n,
An die Gerichte habt Ihr Euch zu wenden.

Stimmen.

An die Gerichte!

Andere Stimmen.

Merkt's Euch Herr Gesandter!

Andere Stimmen.

Wir lassen uns hier keine Vorschrift machen!

v. Brandt.

Wenn das des hohen Reichstags Meinung ist —

v. Sobiesky (ihn unterbrechend.)

Sie ist's — kein einzig Veto ließ sich hier
Vernehmen. Geistlichkeit, der Primas selbst,
Die Senatoren und des Landes Boten,
Sie stimmen überein, daß ich in ihrem Sinn
Gesprochen habe!

Stimmen.

Ja, so ist's!

Andere.

Nur uns're Meinung
Verkündete der Kronmarschall!

Andere.

Die uns're!

v. Sobiesky.

Vernehmt auch die von Seiner Majestät!
Er achtet Kalckstein, der sich Pole nennt,
Weil unter'm polnischen Scepter er geboren,
Sich nicht dem neuen Herrscher unterwirft!
Er ehrt ihn, weil er ungeachtet des

Verlust's, den er erlitt, da ihm die Güter fort
Genommen wurden, sich freiwillig seinem Dienst
Gestellt. Die Achtung nun, mit Ehrerbietung im
Verein, erwecken ein Gefühl, der Liebe nah'
Verwandt. Und dieses duldet nicht, Ihr werdet es
Versteh'n, daß Euch der König Kalckstein überliefert!

Stimme.

Ist uns're Meinung auch!

Andere.

Sie ist's.

Andere.

Gewiß! er bleibt bei uns, Hurrah!

v. Brandt.

So hält mich Nichts!
Bei Eurer Deutung habt Ihr nur vergessen,
Daß Euer König, Preußen's Herzogthum
Im feierlichen Act vor Gott an meinen Fürsten
Als souveraine Herrschaft übergab.
Gedenkt an Warschaus Schlacht und an den Tag
Von Bromberg! — Wenn Koribut verwirft,
Was Cas'mir dort beschwor, wenn er den Eidbruch
Billigt, o, dann ist's begreiflich, daß er
Den Hochverräther sich zum Freunde wählt;
Doch ich erfuhr genug und scheide mit
Dem Trost, daß doch zuletzt das Rechte siegt!
Montgommery, die Frucht ist reif zur Ernte!

v. Kalckstein.

Ich gratulire Euch zu dem Vergleich!

v. Brandt.

Ihr gleicht der Sturm bewegten See, die steuerlos
Das Schiff zum Strande treibt, doch nein, dem Sturm
Gebietet noch ein höh'rer Wille, — nicht
Der Leidenschaft, die Euch verzehrt. —
Sie macht Euch blind, bemeistert Euch so sehr,
Daß Ihr Verrath verehrt und Treubruch achtet!
Doch treibt es, wie Ihr wollt! — Die Antwort Marschall,
Die ich empfing, ich meld' sie meinem Herrn,
Und weiß bestimmt, daß er das Mittel findet,
Das nöthig ist, um Euren Trotz zu brechen!
(ab mit Montgommery.)

v. Kalckstein.

Das klingt wie Kriegserklärung!

v. Sobiesky.

Laßt ihn nur
Erklären — wir sind marschbereit! Es wurden
Nach Galizien jüngst gesandte Truppen,
Die uns vor Türkenhorden schützen sollten,
Wie wir dem Volke Glauben machten, schnell zurück
Berufen. Schweden's, Oestreich's, Frankreich's Abgesandte
Versprachen uns die Hülfe ihrer Fürsten,
Denn Alle neiden sie das Glück dem Mann,
Der wie der Aar, den er im Wappen führt,
Den Flug zur Sonne lenkt!

v. Kalckstein.

Wir werden ihm
Die Flügel stutzen.

Stimmen.

Krieg!

Andere.

Da giebt's was zu
Erbeuten!

Andere.

Brandenburg verderbe!

Andere.

Polen lebe!

v. Sobiesky.

Das soll's! Ich will in Preußen ihm Podolien,
Das gierig uns, der Muselmann entriß,
Zurückerobern!

Stimmen.

Hoch, Sobiesky! Hoch!

v. Kalckstein.

Seid Ihr mit Preußen wiederum vereint,
So droht Euch auch kein Türke mehr!

v. Sobiesky.

Ich schließ'
Die Sitzung; Weit'res wird der König Euch
Verkünden.

Stimmen.

Hoch! der König hoch!

Andere.

Er lebe!

Andere.

Der Kronmarschall!

Andere.

Sobiesky lebe hoch! —

Die Geistlichen, Senatoren und Landboten entfernen sich langsam — einige sprechen noch mit v. Sobiesky, der sich dankend verneigt.

v. Kalckstein.

Ich nahe jetzt dem Ziel, das ich erstrebt!
Der Haß, den ich genährt, seit jener Schwur
Mir aufgezwungen ward, er wird gelöscht
In meiner Feinde Blut! O schimpfe mich
Nur Hochverräther, Fälscher, wie es Dir
Gefällt und balle feig die Faust, weil Dir
Die Macht zum Schlage fehlt. Ich habe Dir
Geschworen, Dir, verführt von Weiberthränen
Den Eid geleistet, als ich Preuße war.
Die Zeit liegt weit zurück und wie ich jetzt
Im fernen Nebel nur die Heimath schaue,
So birgt er auch, was ich darin besaß;
Die Frau und Tochter, meinen alten Vater,
Ich ahne noch ihr Sein, doch was mich einst
An sie gebunden hat, es ist gelöst
Für immer! Glanz, wie Freude, Lust wie Liebe,
Die mir die Gegenwart in vollem Becher beut,
Sie lassen die Vergangenheit mir wie
Im Traum erscheinen, in der Zukunft strahlt
Mir neue Ehre! — wenn ich als Oberst an
Der Spitze polnischer Lanciers —

v. Sobiesky

(ist nach vorn gekommen, nachdem die Reichstagsmitglieder den Saal verlassen und er vorher noch einem Boten einen Brief abgenommen, den er liest — er schlägt Kalckstein auf die Schulter).

Nicht mehr, als Oberst!

v. Kalckstein.

Wie versteh' ich das?

v. Sobiesky.

Der König sendet mir soeben, hier,
Die Ordre, durch die er in Gnaden Euch,
Zu Polens Schwertträger ernennt!

v. Kalckstein.

Was?

Schwertträger Polens, Marschall ist es wahr?
Ihr wollt im Scherz mir nicht die Augen blenden?

v. Sobiesky (überreicht ihm den Brief).

Befehl des Königs! lest ihn!

v. Kalckstein (durchfliegt ihn).

Ich bin's!

Vor Jubel springt mein Herz, so viel der Ehre hab'
Ich nicht erwartet — Dank, nehmt meinen Dank!
Ruft Ihr zur Schlacht soll ihn die That beweisen!

v. Sobiesky.

Dazu wird bald Gelegenheit sich finden!
Das Näh're hört Ihr in der Audienz,
Zu der der König morgen uns beschied.
(reicht ihm die Hand.) Herr Kronschwertträger, lebet wohl!

v. Kalckstein.

Lebt wohl!

Und nehmt die Ueberzeugung mit, daß Ihr

Durch Eu're Fürsprach Euch den treusten Freund
Erwarbt!

v. Sobiesky.

Das freut mich, Herr von Kalckstein.

(v. Sobiesky geht durch die Mitte ab.)

Zweiter Auftritt.

v. Kreytzen (schnell eintretend) v. Kalckstein.

v. Kreytzen.

Nun endlich treff' ich Dich! Vergebens sucht'
Ich Dich bei Rhode, bei Montgommery,
Und schließlich bei Dir selbst — nun ist es gut,
Daß ich Dich hab', da ich zur Gräfin Dich
Einladen soll.

v. Kalckstein.

Bist Du bei ihr gewesen?

v. Kreytzen.

Bis sie zur Kön'gin fuhr. Auch wissen wir
Bereits, daß Brandt mit seiner Forderung
Zurückgewiesen ist — Katinka will
Es durch ein Nachtmahl feiern! ladet uns
Dazu!

v. Kalckstein.

Heut' folg' ich Dir mit Freuden!
Um uns're Sache steht es trefflich jetzt.

v. Kreytzen.

Ist das gewiß?

v. Kalckstein.

Mehr als gewiß. Der Krieg
Ist unvermeidlich! Höre, staune, juble nur
Mit mir, zum Schwertträger der Krone hat
Der König mich ernannt!

v. Kreytzen.

Was, Dich?

v. Kalckstein.

Ja, mich!
Die Schmach, mit der der Herzog meine Ehr'
Getrübt, sie wird gesühnt. Als Sieger sieht
Mich meine Heimath wieder. Wehe denen,
Für die ich meine Rache mir gespart!

v. Kreytzen.

So hatt' ich Recht, als ich Dich willenlos
Hierhergeführt — ich, Kalckstein, bin der Schöpfer nun
Von Deinem Glück.

v. Kalckstein.

Das bist Du und ich dank' es Dir!

v. Kreytzen.

Gehorche mir, das ist der beste Dank!
Ich habe Dich zu warnen!

v. Kalckstein.

Du zu warnen?
Wen sollt ich fürchten? Furcht war stets mir fremd.

v. Kreytzen.

Du sprachst von Rache, die Du üben willst.

Sei auf der Hut, daß Brandenburg Dir nicht
'Ne Falle stellt.

v. Kalckstein.

Bedenke meinen Rang!
Du siehst zu schwarz! Wer wäre so vermessen,
Und wer sollt' es wagen, Hand zu legen
An einen Würdenträger dieses Reichs?

v. Kreytzen.

Du weißt's, 'ne Wache von Dragonern hat
Der Brandt zum Schutz! unmöglich wär' es nicht,
Daß er sie auch zu and'rem Zweck verwendet,
Und wie ich hörte, kamt Ihr hart zusammen!

v. Kalckstein.

Nun ja; doch diese Leute führt Montgommery,
Er ist Franzose, ist mein Freund! Von ihm
Ist nichts zu fürchten!

v. Kreytzen.

So ist's gut,
Ich wollte Dir nur Vorsicht anempfehlen.

v. Kalckstein.

Ich sagt' es Dir ja schon, ich habe nie
Die Angst gekannt und jetzt wahrhaftig müßt'
Verrückt ich sein, wenn ich mich fürchten sollte!
Komm' mit zum Wein und laß die Sorgen hier,
Auf frohe Tage leeren wir ein Glas
Und eilen dann zum Feste von Katinka.

Beide ab.

Verwandlung.

Elegant eingerichtetes Zimmer bei der Gräfin Dzialinska. In der Mitte, links und rechts Thüren. Aus der Mittelthür sieht man auf eine Gallerie. Es dämmert.

Dritter Auftritt.

Die Gräfin von einem Diener gefolgt, dem sie ihren Mantel übergiebt, tritt von rechts auf. Der Diener gleich darauf ab.

Gräfin.

Nimm meinen Mantel. — Ach, die Luft ist schwül,
Vor der Entscheidung pocht das Herz gewaltig.
Ich habe Kalckstein nun so weit gebracht,
Die neue Ehre dankt er mir allein.
Doch Niemand fragt, was ich geopfert habe,
Um ihm den Fuß im Bügel fest zu stellen.
Mit Ueberredung, List erwirkte ich
Die Stellung. — Ich gab mich selbst zum Preis,
O nein, halt ein, mich selbst, das ist zu viel!
In Schmeichelkünsten hab' ich mich erniedrigt,
Es will es so die Welt! Um Gunst gebuhlt!
Doch rein und ungebrochen steh' ich da,
Könnt Kalckstein sonst mich lieben? Ich will Nichts,
Als nur den Mann allein, dem sich mein Herz
In erster Liebesblüth' entknospet, dann
Von seines Auges Strahl berührt, zur vollen
Blume sich entfaltet hat. — Ob ich
Im Leben ihn, ob ihn im Tode halte,
Ist mir gleich. Gehören muß er mir —

Ich habe seinen Schwur — mich nicht zu lassen.
Und brach er auch den erstgeschwor'nen Eid
Unüberlegt, wie er in süßen Worten es
Beklagt, so nahet jetzt die Zeit, wo er
Ihn sühnen soll an meinem Herzen!
Meinem Herzen! — ja, dann wird es wahr!
Das Hoffen meiner Jugend wird erfüllt,
Euch Thränen, Ihr die manche bange Stunde mir
Entpreßt, als Perlen wind' ich Euch zum Rosenkranz,
Und im Gebet soll jede dann von Euch
Zur reinen Freude sich für mich verwandeln.
Auf! juble Herz, Kalckstein ist mein! ich hab'
Ein Recht an ihm, und heute noch soll er
Sich mir verloben!

Vierter Auftritt.

Gräfin. Diener. Gleich darauf von Kalckstein.

Diener.

Herr Oberst Kalckstein wünscht —

Gräfin.

O, laß ihn ein!
Nur schnell!

(Diener ab.)

v. Kalckstein (stürzt von Rechts herein).

Geliebte, Dir verdanke ich
Die neue Ehre — Du erwirktest sie!
Sei still mein Lieb! ich weiß, daß Du es warst!
Komm' an mein Herz, Katinka! (er umarmt sie.)

Gräfin.

Setz' Dich zu mir! (sie setzen sich auf einen rechts stehenden Divan.)
Du lieber Freund! Doch irrst Du, wenn Du glaubst,
Daß ich etwas für Dich gethan; es war
Allein die Liebe, die mich handeln ließ,
Und wenn Du, Ludwig, Dich bedanken willst,
So richte Deine Worte an die Liebe.

v. Kalckstein.

Die Liebe! Ja, ich will's, denn Du bist eins mit ihr!
Doch sage mir, mein lieber Schelm, wie ich
Dir danken soll. Du weißt, ich hab's verlernt,
Mit schönen Frauen mich zu unterhalten.

Gräfin.

Du bist der Schelm, der mich aushorchen will,
Wie er mir danken soll. Wie kann ich Dir
Bestimmen, welchen Werth Dir meine Liebe hat,
Wenn's nicht Dein Herz Dir sagt!

v. Kalckstein.

Katinka, Du
Wirst ernst! fort, fort mit diesem Ton! Ich habe
Gar kein Herz!

Gräfin.

Wie?

v. Kalckstein.

Weil Dir es längst gehört!
Doch nun zu anderem! laß uns wie sonst
In süßer Plauderei die Zeit verkürzen.

Gräfin.

Die Zeit eilt hin mein Freund, d'rum möcht' ich wissen,
Wie Du die Zukunft zu gestalten denkst;
Wenn mir Dein Herz gehört, so hab' ich Recht
Darnach zu fragen!

v. Kalckstein.

Ja, die Stellung, die ich
Am Hof bekleide, sie gestattet mir —

Gräfin (einfallend schnell.)

Dich zu vermählen?! ja, mein Ludwig, so
Erkenn' ich Dich, das ist der Dank, den ich
Erwartet habe (sie umarmt ihn.) Nichts stört jetzt mehr mein
Glück!

v. Kalckstein.

Katinka, das hast Du erwartet? o
Du irrst! mein Glück und meine Liebe wirst
Du sein, doch niemals meine Frau!

Gräfin.

Kalckstein!
Verdient ich das?

v. Kalckstein.

Du täuschest Dich, Katinka!
Beruh'ge Dich! denn die Geliebte bleibst
Du mir, auch ohne Ehering.

Gräfin.

Du scherzest!
Denn beim barmherz'gen Gott, es kann nicht sein,

Daß Du mich so verachtest! (sinkt in die Knie) bei allen
Heil'gen bitt' ich und beschwör' ich Dich, hälst Du
Mich denn so weit gesunken, daß — o Gott!
(sie bricht in krampfhaftes Weinen aus.)

v. Kalckstein.

Katinka, Thränen? die sind mir verhaßt! —
Beruh'ge Dich! wer wird denn weinen, wenn
Die Liebe lacht? Wir sprechen uns heut' Abend!
Bis dahin wirst Du Dich getröstet haben!
Du wirst begreifen, daß es Wahnwitz wäre, Dich
In meinem Rang, der mir den Weg
Zu Fürstenkreisen öffnet, — selbst, wenn
Ich meine Ehe lösen wollte, Dich
Zum Weib zu nehmen! Lebe wohl!
(ab durch die Mitte.)

Gräfin erhebt sich.

Das also war
Die Liebe, die Du mir geheuchelt!? Ich
Verblendet Weib, so tief bin ich gefallen,
So weit gesunken, daß er das zu bieten wagt!
Doch nein, mein Herz kann keiner Schuld sich zeih'n!
Ich habe ihn so wahr und heiß geliebt,
Daß ich verblendet war, nicht sah', welch' ein
Unedler Sinn in seinem Herzen wuchert —
Jetzt fahre hin Du letzter Traum des Lebens,
Ich rechne nur noch mit der Wirklichkeit!

Fünfter Auftritt.

Gräfin. Diener von rechts, gleich darauf Montgommery.

Diener.

Herr Hauptmann von Montgommery fragt an
Ob Herr von Kalckstein hier?

Gräfin.

Er komm' herein!

(Diener ab.)

Den sendet mir das Schicksal!

Montgommery (tritt von Rechts ein)

Mein Gruß
Frau Gräfin! ah verzeiht, wenn ich Euch störe,
Ich habe einen Auftrag vom Gesandten
An Herrn von Kalckstein; ist er nicht bei Euch!

Gräfin.

Er ging so eben fort. Doch grüße ich in Euch
'Nen selt'nen Gast! nehmt Platz Herr Hauptmann!

(sie weist mit der Hand auf einen rechts am Divan stehenden Stuhl).

von Montgommery (führt sie zum Divan).

Erlaubt!

(die Gräfin setzt sich — er nimmt auf dem Stuhl Platz).

Gräfin.

Daß Ihr den Herrn von Kalckstein heut
Noch sprechen könnt, kann ich vermitteln!

v. Montgommery.

Ihr würdet mich zu großem Dank verpflichten!

Gräfin.

Ich halte Euch beim Wort'. Beweist den Dank,
Indem Ihr eine Bitte mir erfüllt!

v. Montgommery.

Frau Gräfin eine Bitte?

Gräfin.

Ja, 'ne Bitte,
Doch müßt Ihr mir vertrauen!

Montgommery.

Das will ich!

Gräfin (steht auf).

Verhaftet Kalckstein!

Montgommery (aufspringend).

Euer'n Freund? Wie kommt
Ihr dazu, Gräfin, mit mir Scherz zu treiben?

Gräfin.

Ich scherze nicht, es ist mein Ernst; fragt nicht
Nach seinem Grund! Mein Herz litt schwer! Kalckstein
Muß fort! Euch sandte mir die Vorsehung
Als Mittel! Wollt Ihr?

Montgommery.

Ja, ich will! (bei Seite) so wird
Uns leicht, was wir uns schwer gedacht — (laut) doch wo
Ist der Beweis, daß ich Euch trauen darf?

(Gräfin ist inzwischen an ihr links stehendes Schreibbureau gegangen, von wo sie einen Schlüssel nimmt.)

Gräfin.

Der Schlüssel hier, er öffnet Euren Leuten
Den Garten und auf dieser Gallerie (sie öffnet die Mittelthür).
Könnt Ihr sie dann postiren. Zur Nacht
Seid Ihr mein Gast, Ihr findet Kalckstein, wie
Auch Kreytzen hier. (reicht ihm den Schlüssel)

Montgommery.

Ich traue Euch, Frau Gräfin!
Denn Brandenburgs Dragoner kennen keine Furcht!
Gebt mir den Schlüssel her und habt nicht Sorge,
Wir sind zum rechten Augenblick am Platz.
(verbeugt sich, ab durch die Mitte.)

Sechster Auftritt.

Gräfin (allein).

Ich that den Schritt, der Dich meineid'gen Mann
Dem Feinde überliefert, Dich verdirbt,
Mit Ueberlegung, nicht aus Leidenschaft!
Die hab' ich einmal nur gehegt, als ich
Dich liebte — Dich geliebt — ha, ha, ha, ha!
Dann schlief sie ein, ich wähnte sie erloschen,
Da kehrst Du wieder — weckest sie
Mit altem Liebesschwur — ich Thörin glaube!
Und strecke meine Arme Dir entgegen,
Daß Du empor mich zieh'st aus ird'schem Dunkel
Zu jenem hehren Stern, der ja auch mir,
Wie jedem Weib, verheißungsvoll, als Stern
Der Liebe glüht! Du stößt die Hand zurück,
Die Dich gehalten und verschmähst das Herz,
Das Dich geliebt — es sei! doch denke nicht,
Daß ich zum zweiten Mal mein Herz in Schlummer wiege,
Daß ich zum zweiten Mal aus meinem Herzen
Die Liebe reiße; ohne Dich zu strafen! —
Verschmähte Liebe kann vielleicht verzeih'n,

Verrath'ne haßt! Ich hasse Dich, Verräther,
Haß' Dich so, daß jede Pein, die Dir
Bereitet wird, aus meinem Herzen mir
'N Schrei des Jubels und des Hohn's entlockt!
(sie schellt.)

Siebenter Auftritt.

Gräfin. Diener (tritt von Rechts ein).

Gräfin (mit gebrochener Stimme).
Besorget uns das Nachtmahl, vier Gedeck!
Ist Herr von Kreytzen und von Kalckstein hier,
So soll die Dienerschaft zur Ruhe sich
Begeben — Du bleibst wach auf Deinem Zimmer,
Bis ich Dich rufe! —

Diener.
Zu befehlen, Gnäd'ge. (ab.)

Als er abgeht, treten v. Kreytzen und v. Kalckstein von Rechts ein.

Achter Auftritt.

Gräfin. v. Kreytzen. v. Kalckstein. Diener (gehen auf und ab und decken den Tisch und stecken die Lichter an.)

Gräfin.
Seid mir willkommen, werthe Herr'n!

v. Kreytzen.
Ich freu'
Mich dieses Grußes, schöne Frau! es hat
Gewiß der Kalckstein falsch mich unterrichtet!

Gräfin.

Was er berichtet, weiß ich nicht! doch sind
Mir meine Gäste stets willkommen!
Ich würd' sie sonst nicht laden, Herr von Kreytzen.

v. Kreytzen.

Sonst sprecht Ihr nicht so förmlich! Kalckstein hat doch recht —
Ihr seid verstimmt! Zürnt ihm nicht mehr, Frau Gräfin,
'Nem alten Freunde hält man was zu Gute!

v. Kalckstein.

O, wenn Du wüßtest, Schatz!

Gräfin.

Ich weiß genug!
Und schon ist Alles wieder gut, was mich
Erregte, sorge nicht! Die Stimmung wird
Beim Nachtmahl ganz gewiß noch besser sein!
Legt Eure Waffen ab — wir setzen uns!

(v. Kalckstein und v. Kreytzen geben ihre Schwerter dem Diener, der sie an die hintere Wand lehnt).

v. Kreytzen (er führt die Gräfin).

Erlaubt mir Euren Arm!

v. Kalckstein.

Für wen ist dies
Gedeck?

Gräfin.

'Ne Ueberraschung ist's. Es soll
In Eu'rem neuen Amt bei mir zuerst
Euch Brandenburg begrüßen! Nehmet Platz!

(Sie setzen sich)

v. Kalckstein.

Wie aufmerksam Du bist!

v. Kreytzen.

Erwartet Ihr

Den Brandt?

Gräfin (auf den Eintretenden zeigend.)

Nein den!

Neunter Auftritt.

Vorige. Montgommery (tritt ein.) Später Dragoner.

Montgommery.

Verzeiht, ich komme wohl

Zu spät?

Gräfin.

Ihr kommt zur rechten Zeit! nehmt Platz.

v. Montgommery küßt der Gräfin die Hand und setzt sich ihr zur Seite.

v. Kalckstein.

Es freut mich Sie zu seh'n, Montgommery.

v. Montgommery.

Ich bin entzückt, daß uns're schöne Wirthin
Mir heute die Gelegenheit gewährt,
Euch meinen Glückwunsch darzubringen!

(Die Gräfin hat inzwischen Wein eingeschenkt).

v. Kalckstein.

Ja, ja,

Montgommery, in Polen kann man leicht
Sein Glück begründen, doch bei Euch —

v. Kreytzen (einfallend.)

O laß das jetzt,
Erhebt das Glas! Es lebe uns're Wirthin!

v. Montgommery (erhebt sein Glas).

Der schönen Gräfin, die uns hier vereint!

v. Kalckstein (stößt mit der Gräfin an).

Katinka, auf Dein Wohl!

Gräfin.

Ein Jeder möge sich
So wohl befinden, wie er es verdient!

v. Kalckstein.

Ich glaube, Du meinst mich?

Gräfin.

Ich nenne Niemand!

v. Kreytzen (zu Kalckstein).

So trink ich auf Dein Wohl!

v. Montgommery.

Ein volles Glas!

v. Kreytzen.

Das ist Tokayer — denkst Du noch der Nacht,
In der wir ihn zum letzten Male tranken?

v. Kalckstein.

Was frag' ich nach Vergangenem? Die Zukunft, die
Soll leben!

v. Montgommery.

Eu're lebe (erhebt sich) die ist mein!

v. Kalckstein.

Wie so?

v. Montgommery (aufstampfend).

Vorwärts, Dragoner!

Die Dragoner treten von der Gallerie herein. Bei dem „Vorwärts" springen v. Kreytzen, v. Kalckstein und die Gräfin auf; die nachfolgenden Reden erfolgen ganz schnell hintereinander.

v. Kreytzen.

Was bedeutet das?

v. Kalckstein.

Verrath?

v. Kreytzen.

Mein Schwert!

(v. Kalckstein und v. Kreytzen wollen zu ihren Waffen eilen, doch haben die Dragoner bereits den Weg versperrt.)

v. Montgommery.

Greift sie Dragoner!

v. Kalckstein.

Seid verflucht!

(Die Dragoner ergreifen v. Kalckstein, der sich wehren will, wobei er zur Erde fällt und dann gebunden wird.)

v. Kreytzen.

Ich lasse mich nicht binden!

(Die Dragoner überwältigen ihn.)

v. Montgommery (hat während dessen einen Teppich unter dem Eßtisch hervorgezogen, wobei dieser umfällt, wodurch die Lichter auf dem Tische verlöschen. — Der Mond scheint durch die Fenster) zu den Dragonern:

Schnürt Kalckstein

In den Teppich.

v. Kalckstein.

Verflucht seist Du, Katinka!

(Während die Dragoner ihn einrollen, giebt v. Kalckstein seine Wuth durch abgebrochene Laute zu erkennen.)

Gräfin (tritt an ihn heran).

Das ist der Lohn für mein gebrochen Herz!

(Sie lacht krampfhaft und sinkt dann schluchzend nieder.)

v. Montgommery.

Hinunter auf den Wagen! schnell dann,
Zur Stadt hinaus! Ihr Kreytzen bleibt in Haft,
Bis er zur Grenze ist. (Die Dragoner tragen v. Kalckstein hinaus.)

v. Kreytzen.

So trog die Ahnung nicht!
Verdammt, daß Ihr mich täuschtet!

v. Montgommery.

Führt ihn
Zum Herrn Gesandten! (Die Dragoner führen v. Kreytzen ab.)

v. Kreytzen (im Abgehen).

Schändlich Bubenstück!

Gräfin.

(erhebt sich in die Knie bei dem Worte „Bubenstück" und sieht sich wirr um.)

v. Montgommery.

Für Euren Beistand, Gräfin, dank ich Euch,
Empfehl' Euch meines Fürsten Gunst. Lebt wohl!

(er verneigt sich und folgt den Andern durch die Mitte.)

Gräfin (springt wild auf).

Daß es gelang, ist mir die höchste Gunst!
Die Ehr' des Weibs, das Du in ihrem Heiligthum
Gekränkt, sie fordert die Rache, so
Verrieth ich Dich! Ich tilgte Deine Schuld!

Verzeihung brauchst Du nicht von mir, wenn wir
Im Jenseits uns begegnen werden!
Ja, Du mußt sterben; ich, die ich dem Tod
Dich überliefert habe, eile Dir
Voran und suche dort, was mir das Leben nicht
Gewährt! (sie ersticht sich)

Barmherzigkeit!

(sie stürzt zusammen.)

Der Vorhang fällt schnell.

Fünfter Aufzug.

Königsberg i./Pr. — Saal im Schlosse — an der linken Seite steht der Thron, in der Hinterwand befinden sich zwei Flügelthüren, an der rechten Fenster. Es stehen die Mitglieder der Stände, Städte und die Zünfte gruppenweise in Unterhaltung zusammen.

Erster Auftritt.

v. Schlieben, v. Wallenrödt, v. Kikol in der Mitte der Bühne.

v. Wallenrodt.

Es ist 'ne List den Rhode zu verhaften!

v. Schlieben.

Daß man es wagt die Hauptstadt des Vertreters zu
Berauben, ist empörend!

v. Kikol.

Nein, es ist
Die Folge seines Thuns; ein starker Fürst,
Der nur das Rechte, wie der Herzog will,

Kann es sich nicht gefallen lassen, daß
Die erste seiner Städte ein Complott —

v. Wallenrodt.

Oho!

v. Kikol.

Ich wiederhol's, sie will mit Polen sich
Verbünden, um —

v. Schlieben (einfallend.)

Das wär' noch zu beweisen.

Die anderen Gruppen haben sich aufgelöst und umgeben die Sprechenden, überhaupt herrscht ein reges Leben im Saal, Abgeordnete kommen und gehen.

v. Kikol.

Beweis ist da! Man fand bei Rhode Schriften,
Die ihn und viele hier von Euch bezicht'gen —
Wollt Ihr sein Loos nicht theilen, schweiget still!

v. Wallenrodt (spöttisch.)

Ihr wißt sehr gut Bescheid!

v. Schlieben (höhnisch.)

Er hofft, daß ihm
Von Brandenburg Auszeichnung wird zu Theil.

v. Kikol (mit Würde.)

Um die Ihr einst mich noch beneiden werdet;
Wenn Rhodes Untersuchung in Cüstrin
Ergiebt, daß Ihr nicht unbetheiligt seid
An Kalckstein's Flucht.

(Neue Gruppen von Abgeordneten haben sich gebildet.)

Zweiter Auftritt.

Freiherr v. Eulenburg tritt schnell ein. Vorige.

v. Eulenburg (hastig.)

Die Flucht hat Nichts genützt!
Er ist gefangen!

v. Wallenrodt.

Kalckstein?

v. Schlieben.

Ist gefangen?

v. Kikol.

In Warschau?

v. Wallenrodt.

Ist es wahr?

v. Eulenburg.

Das Näh're wird
Euch Kreytzen bald berichten.

v. Schlieben.

Der ist hier?

v. Eulenburg.

Ich sprach ihn auf der Treppe. Er kommt gleich!

v. Wallenrodt.

So haben wir verloren!

v. Schlieben.

Brandenburg
Ist Trumpf! Du armer Kalckstein!

Dritter Auftritt.

Albrecht v. Kalckstein zu den Vorigen. Es stürzen Alle auf ihn zu.

Alle (durcheinander.)

Ist es wahr?
Erzählen Sie! Der Kurfürst wagte es?
Ihr Bruder ist gefangen?

Albrecht v. Kalckstein.

Ja, ihm ward
Der Lohn für den Verrath, den er an Fürst
Und Vaterland beging.

v. Schlieben (für sich.)

Was für ein Schicksal!

v. Wallenrodt.

Hat er denn Treu geschworen?

Albrecht v. Kalckstein.

Ja, das ist
Der Fluch, den er auf die Familie ladet! —

v. Eulenburg.

Wie tragen's Frau und Tochter?

Albrecht v. Kalckstein.

Mit Ergebung!

v. Kikol.

Sind sie bei Euch?

Albrecht v. Kalckstein.

Nach seiner Flucht ließ ich
Sie kommen, ihnen Schutz und Trost
In ihrem Schmerz zu sein.

Vierter Auftritt.

von Kreytzen zu den Vorigen. von Wallenrodt, von Schlieben, von Kikol und Andere umringen ihn; das Folgende sehr schnell.

v. Wallenrodt.

Was wißt Ihr Näh'res?

v. Kikol.

Wart Ihr zugegen?

v. Schlieben.

Konntet Ihr nicht helfen?

v. Wallenrodt.

Ihr führtet Kalckstein doch nach Warschau hin?

v. Kreytzen.

Unsinn! — ich that, was mir die Pflicht gebot,
Nicht mehr! — Sie, Herr von Wallenrodt, Sie sind —

v. Wallenrodt (einfallend.)

Wir möchten jetzt genau erfahren, wie die
Verhaftung Kalcksteins vorgenommen ward?

v. Kreytzen.

Darüber schweige ich — nicht mag ich die
Erinnerung erwecken — nur soviel sei
Gesagt, daß Weiberhaß ihn ausgeliefert!

Ihr, Schlieben könnet Euch bei mir bedanken,
Daß ich an Eurer Stell' geritten war.

v. Schlieben.

Wie so? Ihr habt doch Nichts gethan, ihn zu
Befreien. Ihr theilt nicht mal sein Schicksal!

v. Kreytzen.

Wollt Ihr der Feigheit mich beschuld'gen? sprecht!

v. Schlieben.

Von großem Muth zeugt's nicht den Freund im Stich
Zu lassen.

v. Kreytzen (wüthend.)

Das ist Beleid'gung! Herr!

v. Schlieben.

Zeigt Euren Muth und tilgt sie!

v. Kreytzen (zieht seinen Degen.)

Ja, das werde ich!

v. Wallenrodt (tritt dazwischen.)

Was soll's? vertragt Euch jetzt, das ist das Beste!
Wer muthig oder nicht, macht später aus!
Wir ducken Alle unter!

Fünfter Auftritt.

General v. Kalckstein zu den Vorigen.

General.

Ducken müssen wir!
Nicht Jeder aber giebt ein Stück des Herzens mit
Darein. Ist denn mein Albrecht hier?

Albrecht, der mit v. Eulenburg und v. Kikol im Gespräch gestanden und den Vater bis dahin nicht bemerkt hat, eilt auf ihn zu.

Albrecht v. Kalckstein.

Solch Wiedersehen, Vater!

General (reicht ihm die Hand.)

Albrecht, die eine Hälfte Kalckstein ist
In's Grab gelegt — das Haupt wird auch bald folgen! —
Und dann bleibst Du allein!

Albrecht v. Kalckstein.

O, Vater, malen Sie die Zukunft nicht
So düster!

General.

Düster? das ist noch zu wenig,
Lieber Sohn, — schwarz ist die Zukunft, schwarz wie
Das Grab, in das der Ludwig bald —
Und will es Gott, ich schneller noch hinunter
Steigen werde!

v. Eulenburg.

Hoffen Sie, Herr General.

v. Kikol.

Es ist der Kurfürst ein gerechter Richter!

General.

Was heißt gerecht? Es ist Gerechtigkeit
N'e ganz confuse Sache. Einer glaubt
Es so, weil er nach Vorurtheilen, die
Er mit der Muttermilch schon eingesogen, handelt!
Der Andere sich weiser dünkend,

Er fällt sein Urtheil nach dem besten Wissen,
Ich geb' es zu! doch wer hat Recht von Beiden?

v. Eulenburg.

Der nicht in Ueberschätzung, nicht aus Dummheit
Das Urtheil spricht, der nach dem Himmel blickend
Sich Gottes Lehr' zur Richtschnur hat gesetzt.

General.

Zu diesem Glauben wünsch' ich Glück, ich bin
Zu alt, um ihn noch zu erproben! —
Nun sag' mir Albrecht, wie ergeht's Marie
Und wie Elisabeth?

Albrecht v. Kalckstein.

Elisabeth
Von tiefem Schmerz bewegt, ergab sich Gottes Willen.
— Marie die leidet — schwer kämpft ihr Herz.

General.

Wie soll ich das versteh'n?

Albrecht v. Kalckstein.

Sie fand den Mann, der ihrer Liebe werth!
Des Kindes Liebe, die ein Theil nur ist
Von dem Gefühl, das ungeahnt und nicht
Bewußt 'ne höh're Macht in jedes Herz
Gelegt, sie kämpft einst mit dem Theil der Liebe,
Der eignen Werth im Andern wiederfindet!
Läßt Kindesliebe willig sich geleiten,
Der Jungfrau Liebe will selbst Glück bereiten!
So auch Marie!

General.

Wer ist der Mann, dem sich
Ihr Herz verlobt?

Albrecht.

Zu ihrem Schmerze ist
Er Ludwig's Feind! — Oberst von Brandt.

General.

Wie? Brandt?!
O Schicksalslaune! so ist er der Sohn
Von jenem Mann, der in der Schlacht von Warschau,
Den Schwedenkönig mit 'nes Helden Muth
Vertheidigte und den von meiner Hand
Die Todeskugel traf.

Albrecht.

Da kommt der Sohn!

Sechster Auftritt.

Vorige. v. Brandt in großer Uniform vor den Thron tretend.

v. Brandt.

Im Namen des Kurfürsten meines Herrn,
Ersuche ich die Ritter, Schöppen, Zünfte,
Sich nach dem Rang zn ordnen, wie es üblich,
Da Seine Durchlaucht gleich erscheinen wird.

(Während sich die Herren ordnen, der Adel, die Stände auf dem linken Flügel, die Schöppen und die Vertreter der Städte in der Mitte, die Zünfte auf dem rechten Flügel, tritt der General auf v. Brandt zu.)

General.

Ich habe Ihres ed'len Vaters Tod
Verschuldet, zürnen Sie mir nicht!

v. Brandt.

Den Vater
Erschossen Sie in off'ner Schlacht, womit
Sie nur erfüllt, wozu das Kriegsrecht Sie
Verpflichtet; könnt' ich deshalb zürnen!
Ich bin, wie Sie, Soldat und weiß, daß in
Dem Kriege nicht des Herzens Neigung,
Vielmehr der Trieb nach Selbsterhaltung herrscht.
Beklagen muß ich's, daß Ihr Sohn, dem zur
Entschuld'gung nicht das Kriegsrecht dient,
Sich schwer vergangen hat.

General.

Sie hofften sich
Ihm näher zu verbinden?

v. Brandt.

Ja, ich hoff'
Es noch!

Albrecht v. Kalckstein.

O, Brandt bedenken Sie! Marie
Die Tochter jenes Mannes, den wegen Hochverrath
Ihr Fürst bestraft.

v. Brandt.

Marie ist frei von Schuld.
Ich schwor zu ihr und seinen Treuschwur bricht
Kein Ehrenmann!

General.

Brav, brav ist das gedacht!

Siebenter Auftritt.

Trompetenschall verkündet des Kurfürsten Kommen, Trabanten eröffnen den Zug, der durch die linke bis dahin geschlossene Thür eintritt; sie marschiren vor dem Thron vorbei und nehmen auf seiner rechten Seite Platz. Ihnen folgt der **Kurfürst.** Dann kommen Officiere aller Waffen, den Schluß macht ein Piquet Soldaten, das sich an der hinteren Saalseite aufstellt und somit den Ein- und Ausgang schließt. Die Versammlung verneigt sich beim Eintreten des Kurfürsten und erhebt sich erst, nachdem er den Thron bestiegen, beginnt.

Die Vorigen. Der Kurfürst.

Kurfürst.

Den Ständen, Städten, Zünften unser'n Gruß.
Wir haben Euch entboten, weil Ihr feindlich
Der Souverainität, die uns von Gott
Verlieh'n, entgegensteht. Wir wollen Frieden!
Wir woll'n ihn unverkürzt für uns, für Euch!
Und weil des Friedens beste Basis das
Gesetz, so kommen wir um ihm, freiwillig,
Ohne Zwang, — versteht uns recht, —
In Uebereinstimmung mit Euch, den festen Grund
Zu geben. Wir verlangen, daß Ihr uns
Das unverkürzte Recht als Herrscher zuerkennt,
Und daß Ihr nicht dem Beispiel folgt,
Das Rhode Euch, das Kalckstein Euch gegeben.
Sie beide hat die Strafe schon ereilt!
Der Schöppe bleibt für Lebenszeit gefangen,
Der And're ist von dem Gericht, das wir
Aus edlen Standsgenossen ihm bestellt,
Zum Tod' verurtheilt mit dem Schwert, weil er

Des Eidbruchs, wie der Fälschung, auch des Hochverraths
Für schuldig ward befunden.

General.

Sohn!

Albrecht von Kalckstein (stützt den Schwankenden).

O, Vater!

(Viele, darunter auch v. Brandt, umringen den General.)

Kurfürst.

Es wirft Verrath, nicht auf die Kinder nur,
Auch auf das Alter grause Schatten — das beachtet! —
Was wir von Euch erheischen, nimmt Euch mehr
Denn je in Anspruch! Doch Ihr werdet, wie
Wir hoffen, willig folgen, da es
Das Wohl des Volks, was wir begehren, ist.
Wir sprechen nicht für uns, nur für das Glück
Des Land's, das uns zu Eigen ward und das
Uns theuer, wie die Mark, wo uns're Wiege stand!
Wir Zollern wollen Nichts voraus vor uns'rem Volk,
Wir streben nach dem höchsten Ziel mit ihm,
Und ist der Weg auch rauh, er führt doch zu den Sternen!
(Es geht ein beifälliges Gemurmel durch die Menge.)
Von Ständen, Städten, Zünften fordern wir,
Die unbeschränkte Huld'gung unser'm Hoheitsrecht;
Verlangen von dem Landtag die Bewilligung
Der Steuern, welche zu des Heers Erhaltung,
Das seine Länder schützt, nothwendig sind,
Und schließlich untersagen wir, das merkt,
Bei Todesstrafe Euch, zu conspiriren mit
Dem Polenvolk.

Viele Stimmen.

Wir stimmen zu!

Andere.

Wir folgen unser'm Herrn!

General.

Es trafen Euer Durchlaucht hart das Herz
Des alten Kriegers, der von Kindheit an
Den Kön'gen Polens diente. — Nicht kann er flehen,
Er kann nicht bitten mehr, daß Ihr ihm nicht
Den Erstgebor'nen raubt, er kann nur rufen:
„Gebt Gnade, Herzog, für den Sohn!"

Kurfürst.

Es ist sehr schwer 'ne Strafe zu vollzieh'n,
Die das Gesetz bestimmt; und um so schwerer,
Wenn Mitgefühl das eig'ne Herz empfindet.
Auch ich hab' Söhne General! vermag
Es mitzufühlen, was es kosten würde,
Nur einen dieser hinzugeben, doch
Es darf der Herrscher nicht nach dem Gefühle fragen,
Er muß ein Beispiel im Gehorsam sein,
Wenn er das höchste Ziel im Auge hat.
Will Achtung er und Anseh'n sich erwerben,
So muß er, wie die Themis mit verbund'nem Aug',
Das Schwert gebrauchen, das die Rechte hält,
Wenn in der Linken schnell die Wage sinkt.

General.

Nach solchen Gründen bleibt mir nichts als Schweigen!

Kurfürst.

Ihr hört's was wir verlangen! morgen werdet Ihr
Im Dom den Schwur uns leisten — uns, dem einz'gen
Herrn,
Dem Ihr nächst Gott in Treue folgen müßt.
Wir hoffen, daß dort Niemand fehlt!
Und unſ'rerſeits verſprechen wir, Euch gnädig stets
Zu sein.

Viele Stimmen.

Es lebe lang der Herzog!

Andere.

Hoch, dem Kurfürst!

Andere.

Wir schwören ihm!

Der Kurfürst verneigt sich nach allen Seiten und verläßt unter Trompetenschall und unter Vortritt der Trabanten, gefolgt von seinen Officieren mit Ausnahme v. Brandt's, denen sich die Truppen anschließen, wie er gekommen, den Saal. Die zurückbleibenden Stände-Mitglieder unterhalten sich, wie im Anfange des Aufzuges gruppenweise.

General.

O wären früher sehend wir gewesen,
Viel Unglück wäre da erspart geblieben!
Und ich hätt' meinen Ludwig noch — jetzt hab'
Ich Dich nur Albrecht — lasse Du den Haß
Und laß den Zorn, sei Du mein Stecken bis
Ans Grab!

Albrecht.

Ganz fern ist mir der Haß und fern
Der Zorn, ich klage nur, daß Ludwig fehlte.

Doch trotz des Kummers grüß' ich's freudenvoll,
Daß Sie mein Vater nicht das Opfer der
Verschwörung wurden!

General.

Führ' mich zu Ludwig!
Noch einmal will ich meinen Sohn begrüßen!
Und Ihr, Ihr ander'n Herr'n, es sagt's ein alter Mann,
Der keine Ursach sich zu beugen hat,
Was er auch nie gekonnt, folgt nur dem Fürsten.
Er hat ein klares Aug', aus dem die Wahrheit spricht,
'N starken Arm, wir haben ihn gefühlt,
Der kann auch schützen, und 'n edlen Sinn,
Der nicht Tyrannen eigen! — Albrecht komm!
Folgt meiner Lehre ed'le Herr'n.

(Er geht mit Albrecht ab, Viele drängen ihm nach.)

v. Wallenrodt.

Nun, Kreytzen, was sagt Ihr?

v. Kreytzen.

Ich schwöre nicht; ich geh' nach Warschau wieder,
Wer seine Lippe einmal nur genetzt,
Vom Trank des Ruhmes und der Ehr', den uns
Im reichsten Maße Koributh darbeut,
Den können schöne Reden nicht bethör'n,
Und nicht der Hinweis auf ein Glück, das erst
Die Zukunft bringt! Laßt Ihr mit Honig Euch
Den Mund umschmier'n; ich will nicht Unterthan
'Nes Mörders sein!

v. Schlieben.

'Nes Mörders? Wißt Ihr nicht,
Daß seinen Eid der Kalckstein brach.

v. Wallenrodt.

Und somit Hochverräther wurde!

v. Schlieben.

Wofür er jetzt den Tod erleiden muß!

v. Kreytzen.

O, Ihr seid klug! Für Euch hat er gehandelt,
Und jetzt, es ist erbärmlich, wo er sterben soll,
Da zieht Ihr Euch zurück, verlaßt den Freund,
Um in des neuen Herrn Gunst den Rücken Euch
Zu sonnen. Pfui!

v. Wallenrodt (wüthend).

Ihr schmäht?

v. Schlieben (den Degen ziehend).

'Ne Frechheit, zieht!

v. Kreytzen (kalt und ruhig.)

Noch nicht! sagt erst, ob Ihr dem Herzog Treue schwört?

v. Schlieben.

Ich schwöre ihm!

v. Wallenrodt.

Auch ich!

v. Kreytzen (sehr vornehm).

So habe ich mit Euch Nichts mehr zu thun,
Und halt Euch werth nicht der Genugthuung!

(ab.)

v. Schlieben (will ihm nach).

Das sollst Du büßen!

v. Wallenrodt (fällt ihm in den Arm).

Schlieben, halt! —

Beflecke nicht Dein Schwert — laß ihn nur fort!
Er prahlt mit Worten, da er Nichts verliert.

v. Schlieben (zu v. Kikol, v. Eulenburg und v. Brandt, die bis dahin in stillem Gespräch gestanden hatten, ohne sich um den Streit zu kümmern).

Ist das auch Eu're Meinung, werthe Herr'n?

v. Eulenburg.

Wär' er nicht Großmaul, hätt' er Kalckstein nicht
Verlassen. Tröstet Euch, an ihm ist Nichts
Verlor'n.

v. Kikol.

Auch meine Ansicht ist's!

v. Schlieben.

So folg'
Ich Euch. (steckt den Degen ein)

v. Wallenrodt.

Dann hört! Er nimmt Schlieben unter den Arm und geht in den Hintergrund der Bühne, wo noch einzelne Ständemitglieder stehen, mit denen sie sprechen. Während des folgenden Gesprächs wird die Bühne ganz leer und es bleiben nur

v. Kikol, v. Eulenburg, v. Brandt.

v. Kikol.

Ich theile Euren Kummer.

v. Eulenburg.

Wenn auch der Vater als Verräther stirbt,
So bleibt Euch doch die Tochter!

v. Brandt.

Ja, sie bleibt!
Doch über ihre Liebe wird ein Schatten zieh'n,
Wenn sie erfährt, daß ich den Kurfürst nicht
Um Gnade für den Vater bat!

v. Eulenburg.

Ihr seid
Soldat und durftet nicht mehr bitten,
Nach der Entscheidung, die der Kurfürst traf!

v. Kikol.

Marie von Kalckstein weiß gewiß, daß, als
Ihr Eu'rer Zunge Schweigen auferlegt,
Das Herz aus Liebe Euch geblutet hat!

v. Brandt.

Ich danke für den Trost — kleinmüthig war
Ich stets, wenn sich die Zukunft mir verhüllt
Gezeigt, — geöffnet ihr Visir, erzittr'
Ich nicht, selbst wenn Sie als Medusa mir
Entgegenstarrt!

v. Eulenburg.

Das habt Ihr schon in mancher Schlacht
Gezeigt!

Achter Auftritt.

Albrecht v. Kalckstein (tritt ein.) Vorige.

Albrecht v. Kalckstein.

Das war ein hartes, hartes Wiederseh'n. —
Doch Ludwig ist gefaßt — der Vater tröstet ihn!

Den Frauen will ich jetzt die Trauerkunde bringen.
(zu Brandt) Begleitet mich! (zu den Andern) Auf Wiederseh'n in
Der Kirche morgen!

v. Kikol.

Wir gehen mit des Wegs!

(Alle ab.)

Verwandlung.

Zimmer in A. v. Kalckstein's Hause, einfach, gediegen eingerichtet. Vorn rechts steht ein Tisch.

Neunter Auftritt.

Marie (am Tisch sitzend).

Wie wird das Alles enden, ach! Der Vater nun
Gefangen und vielleicht — vielleicht — o zage nicht
Du feiger Mund! und sprich ihn kühn aus den Gedanken,
Der wie ein Alp' sich auf die Seele legt,
— Vielleicht zum Tod bestimmt?

(sie steht auf.)

Vielleicht? — o nein, es ist gewiß, ich fühl's
An meines Herzens bangem Schlag, es kann
Auch gar nicht anders sein — es muß sich ja
Erfüllen das Geschick, das seit der That
Von Romowe verhängnißvoll auf unf'rem
Hause lastet! — Wie erträgt's die Mutter!
Mein Gott, wenn Alles Du mir nehmen willst,
Erhalte nur die Mutter! — Was sag' ich?

Die Mutter nur? Ihn nicht? o nein, auch ihn
Kann ich nicht lassen, ihn, den einzig' theuren Mann!
— Es wäre Tod für mich, ihn hinzugeben!
Durch ihn erst habe ich das süße Glück
Erkannt, was liebenswerth das Dasein uns
Gemacht — sein denke ich bei allem meinem Thu'n,
Und dies mein Denken ist bis jetzt die einz'ge That,
Die mir für ihn zu thun gestattet ward!
Die einz'ge nur? O nein, ich kann auch beten!
Ich werf' die Sorge hin auf Dich, mein Gott,
Der eine feste Burg Du bist! (sinkt im Gebet nieder.)

Zehnter Auftritt.

Frau v. Kalckstein (in Trauerkleidern) ist bei den letzten Worten von vorn links eingetreten. Nach einer Pause.

Frau v. Kalckstein.

Vertrau' auf ihn!
So ist es recht, und wie er uns're Schritte lenkt,
So folgen wir!

Marie.

Und wenn sie — zum Schaffot
Des Vaters uns —

Frau v. Kalckstein (unterbrechend).

Du ahnst, was sich zur Wirklichkeit gestaltet!

Marie.

Ach, dann erfüllt sich ja der Alten Lied!

Frau v. Kalckstein.

Der Tod des Vaters sühnt jetzt den Verrath!
Und Du mein Kind, Du bist von Schuld befreit!
(Sie umarmen sich.)

Eilfter Auftritt.

Albrecht v. Kalckstein und v. Brandt zu den Vorigen.

Albrecht v. Kalckstein.

Hier bring' ich Euch den Oberst!

Marie (eilt ihm in die Arme).

O, mein Friedrich!

v. Brandt.

Marie, Du bist mein! ich halte Dich!
Die Hoffnung ist erfüllt! uns trennt Nichts mehr,
Wenn uns die Mutter segnet!

Frau v. Kalckstein.

Ich segne Euch! (Marie und v. Brandt knieen) mit Dank zu Gott,
daß Du
Der Sohn bist, Friedrich, jenes Mann's, dem sich
Mein Herz in erster Lieb' erschloß!
(sie küßt von Brandt auf die Stirn.)

Albrecht v. Kalckstein.

Und ich,
Ich ruf' frohlockend aus: „Heil sei den Kalckstein's,
Daß sich Marie dem Mann verband, der kräftig Thu'n
Mit Edelmuth vereint!"
(reicht Marie und v. Brandt die Hände und zieht sie an die Brust).

Zwölfter Auftritt.

General v. Kalckstein. Vorige.

General.

Ich seh', ich komm' zur rechten Zeit um Glück
Zu wünschen! An mein Herz, Marie!
Des Vaters Segen bring ich Dir —
Mit seinem Gruß an Euch!

(er umarmt Marie.)

Frau v. Kalckstein.

O, hätt' er doch
Das Glück der Kinder noch erlebt!

Marie.

Ist keine Gnade möglich?

v. Brandt.

Keine!

Frau v. Kalckstein.

Du armer Mann!

v. Brandt.

Der Kurfürst sprach das Urtheil schweren Herzens,
Doch dem Gesetze folgend, aus.

Marie (schreit auf).

Mein Vater!

(sie sinkt schluchzend an v. Brandt's Hals.)

Frau v. Kalckstein.

Gott wird ihm gnädig sein!

General.

Auch mein Herz krampft

Im Schmerz! er gilt ja meinem Sohn —
Doch tröstet Euch! Die neue Zeit erfordert Blut,
So ist es stets gewesen. Der Baum, der
Einen Zweig verliert, wenn er veredelt wird,
Darf auch nicht klagen. So mit uns!
Der Baum ist Preußen; manchen Zweig verliert's,
Um Kraft zu geben Brandenburg, dem Reis,
Das edle Früchte für die Zukunft trägt.

Albrecht v. Kalckstein.

O geb' es Gott, daß Brandenburger Treu'
Mit Preußen Muth vereint, erwachse zu
Dem Baum, auf dessen starkem Stamm das Reich,
Die Nachwelt grünt!

General.

Es wird der Mann, der sich
Borussia gefreit, der Ahnherr sein,
Der Wahrheit und des Rechts! Ihr Kinder, schaut
Voll Hoffnung in die Zukunft, denn in Euch
Vereinigt Preußen sich mit Brandenburg!

Marie.

So sollen Beide stets die Losung sein!

General.

Ja, Preußen groß durch Brandenburg —
Stark Brandenburg durch seiner Preußen Kraft.
Das ist mein Trost, laßt uns in ihm
Die Zukunft froh begrüßen!

(Er reicht Frau v. Kalckstein und Albrecht die Hände — v. Brandt küßt Marie auf die Stirn.)

(Der Vorhang fällt.)

Druck von C. Wilhelmi in Insterburg.